本书获得山东省人文社会科学课题（18-22-GL-11）、中国博士后科学基金（2017M622247，2018M630793）、山东省自然科学基金项目博士基金（BS2015SF014）资助

基于品牌授权的循环经济溢价路径研究

袁文华　李建春　曹　越　著

中国财经出版传媒集团

中国财政经济出版社

图书在版编目（CIP）数据

基于品牌授权的循环经济溢价路径研究／袁文华，李建春，曹越著．—北京：中国财政经济出版社，2018.10

ISBN 978-7-5095-8237-4

Ⅰ.①基… Ⅱ.①袁… ②李… ③曹… Ⅲ.①循环经济－区域经济发展－研究－中国 Ⅳ.①F127

中国版本图书馆 CIP 数据核字（2018）第 095182 号

责任编辑：卢元孝　　　　　　　责任印制：刘春年
封面设计：孙俪铭　　　　　　　责任校对：张　凡

中国财政经济出版社 出版

URL：http://www.cfeph.cn

E-mail：cfeph@cfeph.cn

（版权所有　翻印必究）

社址：北京市海淀区阜成路甲 28 号　邮政编码：100142
营销中心电话：010-88191537　北京财经书店电话：64033436　84041336
北京财经印刷厂印装　各地新华书店经销
710×1000 毫米　16 开　12.75 印张　210 000 字
2018 年 10 月第 1 版　2018 年 10 月北京第 1 次印刷
定价：58.00 元
ISBN 978-7-5095-8237-4
（图书出现印装问题，本社负责调换）
本社质量投诉电话：010-88190744
打击盗版举报热线：010-88191661、QQ：2242791300

前　言

工业化带来的规模效益是实现现代化的必经之路，我国通过资源、环境、劳动、外资和汇率的综合作用，也即要素投入型发展方式，基本实现了从农业到工业化的第一阶段，也即经济总量的工业化。然而，由此带来的要素成本的增加和环境资源的限制，已经难以支持经济总量的持续增长。因此，发展循环经济、建立循环性社会是未来经济发展的必然方向，也是实施可持续发展战略的重要途径和实现方式。

我国目前在循环经济发展的理论探索和实践中已经取得了一定的成绩，但仍然有许多问题制约着循环经济的进一步推广。现有文献强调了发展循环经济的重要性，并指出我国循环经济发展过程中存在的问题，分别从生态学、市场经济学、技术创新、产业链、金融支持以及政府干预等六个方面提出相应的解决方案。然而，这些解决方案基本都是从宏观角度提出的，对微观企业的研究则侧重于技术创新。对于如何让技术上已获得成功的循环模式能够在市场中顺利实现运转的问题，现有研究没有给出解决途径。通过对循环经济实际案例的研究我们发现，目前我国发展循环经济面临的最突出问题，就是如何将技术上实现的资源循环，转变为经济上的循环。因此，本书研究的问题是：循环经济持续稳定发展的内在机制是什么？如何使技术上已获得成功的循环模式得到市场的认可？

围绕这一核心问题，本书在选择成本分析范式下，从消费者角度出发，找出制约循环经济发展的核心问题。循环企业的成本高于非循环企业，而其产品在物质功能上基本具有同质性。因此，在市场竞争中，如果循环企业提高产品价格，则其市场需求量将减少；如果保持价格与非循环企业的价格一致，则循环企业又会因为较高的成本，导致价值循环不能顺利实现，这是限制企业发展循环经济的市场原因。因此，如何以高于同类产品的价格赢得消费者的选票，实现从企业生产到市场交换的价值循环，是决定循环体系能否持续下去的经济因素。企业的任务是如何获得循环经济所生产出的产品定价权，也即如何在高于市场均衡价格的条件下提高产品销售量。

同时，行业协会在循环经济发展中也发挥着重要的技术指导和服务工作。目前，我国行业协会发展迅速，基本各个行业都存在着众多大大小小的行业协会，但是真正能够促进该行业健康发展的却很少。相反，我国的行业协会已经暴露出诸多问题。对于目前我国行业协会本身而言，导致我国行业协会不承担责任的根本原因是什么呢？更进一步的，又该如何促使我国行业协会的功能得以发挥呢？

本书紧密围绕上述问题进行论述，整体上包含三个部分：第一部分是问题的提出，包括导论和文献综述。该部分主要是提出问题，同时介绍研究背景和国内外文献梳理，指出现有研究的不足之处，从而提出以品牌授权为核心的三循环模式对现有循环经济发展的促进作用。同时对书中所涉及的概念和分析假设进行界定。第二部分是解释性模型的构建，包括对品牌授权的作用机制分析模型和三循环模型。该部分主要从理论上推导出品牌授权成功的条件以及三循环对于循环经济的必要性；包括第3章、第4章、第5章、第6章和第7章。第三部分是理论的实际应用，为第8章内容。该部分在理论模型的指导下，对现实中各类循环经济的发展模式提出新的方向和思路。主要包括作物秸秆循环利用的品牌授权研究、流域生态补偿持续发展的品牌授权研究以及大型公共设施循环利用的品牌授权研究等方面。同时，在对问题进行分析论述的基础上，本书针对性地提出了相关的发展建议。最后，第8章对本书的研究进行了总结，并在本书的研究基础上，对未来的研究方向做出展望。

本书聚焦于循环经济的持续稳定发展，为了解决循环经济的有效性问题，本书将品牌授权模式引入到循环经济的发展中，创新性地提出关于循环经济的"三循环模式"，指出一个循环系统要持续稳定的发展，需要从物质循环、价值循环以及品牌循环三个方面实现全面的循环。主要研究结论包括以下三个方面：

首先，本书在理性经济人假设、消费者自主选择假设、物质利益相同条件下的情感偏好假设的条件下，分别对三循环模型的物质循环、价值循环和品牌循环进行了分析。物质循环是循环经济实现的技术条件，价值循环是循环经济实现的效益保障，品牌循环是循环经济持续发展的溢价保证。物质循环要求企业从技术和工艺上实现循环经济发展的基础，属于技术范畴，因此本书重点对价值循环和品牌循环进行了研究。文章分析指出，实现价值循环的重要途径是通过正确的品牌建设来降低消费者的选择成本，从而获得较高的品牌溢价。事实上，规模经济带来的经济快速增长与人们对生态文明的需求之间，存在着严重的矛盾。在国内外各行业都存在大量的竞争者的情况下，从要素投入型发展方式转到品牌溢价型发展方式，是我国转变经济发展方式，实现生态文明的根本路径。产品溢价能力直接影响到工业企业单位产值能耗的大小，通过对企业品牌信用度的正确评估和建设，能够获得较高的品牌溢价，从而降低单位产值能耗，为我国生态文明建设做出贡献。实现品牌循环的关键是品牌授权，本书分别对授权方和被授权方的行为进行了经济分析，提出了成功进行品牌授权的条件和方法。

其次，本书分析了循环经济行业协会有效运行的作用机制。行业协会作为社会自治组织的一种形式，其运行规则受到自治组织运行规则的制约。因此，本书首先对自治组织有效性的条件进行了详细论证，并提出了保证自治组织内部监督机制发挥作用的剔出机制。同时，本书从品牌经济学的角度，提出制约我国行业协会发展的根本原因是协会的经费收入来源问题。目前，我国行业协会的经费收入主要是会员缴纳的会费。协会以该种营利模式运行存在着严重的问题，因为会员的会费和参加协会的企业数目成正比，若协会想要获取更高的收入，就需要发展更多的会员。而在协会组织中，会员数目过于庞大将导致内部监督机制失效。

最后，在对循环经济的三循环模型进行理论分析的基础上，本书对作物秸秆循环利用、流域生态补偿持续发展以及大型公共设施循环利用的现实研究。在作物秸秆循环利用的品牌授权研究中，文章以山东省泉林嘉有为例，对秸秆制造成有机肥这一循环模式进行分析。作物秸秆循环利用要稳定持续地发展下去，就必须实现三循环，即物质循环、价值循环和品牌循环。在流域生态补偿持续发展的品牌授权研究中，其核心思想是将生态保护区良好的环境商品化，并注册成为一个合法的商标；然后在受益区的协助和监督下，通过一系列的品牌建设手段，将该商标转化为某种快乐品类的代言；最后在集体商标二次转换后，通过品牌授权获得相应的溢价，给生态保护区带来持续稳定的收入。在大型公共设施循环利用的品牌授权研究中，从理论上证明如果城市大型公共设施采取免费开放与增值服务收费相结合的运营模式，将给运营商带来更大的市场需求和利润空间。本书针对这三个领域循环经济存在的问题，分别提出了改进建议，为循环经济的进一步发展提供了较为新颖的思路。

袁文华

2018 年 3 月 18 日

目录
CONTENTS

第1章 导论 …………………………………………………………… 1
  1.1 问题的提出 ……………………………………………………… 1
  1.2 问题的研究和框架 ……………………………………………… 11
  1.3 基本假设与概念界定 …………………………………………… 17
  1.4 本章小结 ………………………………………………………… 22

第2章 文献综述 ……………………………………………………… 23
  2.1 循环经济理论的相关评述 ……………………………………… 23
  2.2 品牌理论的相关评述 …………………………………………… 36
  2.3 本章小结 ………………………………………………………… 44

第3章 品牌授权方行为的经济分析 ………………………………… 46
  3.1 品牌授权模式的现状分析 ……………………………………… 46
  3.2 授权准备阶段 …………………………………………………… 48
  3.3 品牌授权阶段 …………………………………………………… 53
  3.4 影响授权方成功的要素分析及现实解释 ……………………… 55
  3.5 本章小结 ………………………………………………………… 60

第4章 品牌被授权方行为的经济分析 ……………………………… 62
  4.1 中小企业面临的问题及发展阶段分析 ………………………… 62
  4.2 被授权方的粘合机制分析 ……………………………………… 65
  4.3 被授权方的策略研究 …………………………………………… 71

4.4 本章小结 ……………………………………………………………… 72

第5章 循环经济的三循环模型分析 …………………………………… 74
5.1 物质循环 ……………………………………………………………… 74
5.2 价值循环 ……………………………………………………………… 86
5.3 品牌循环 ……………………………………………………………… 93
5.4 三循环之间的关系研究 …………………………………………… 108
5.5 本章小结 …………………………………………………………… 109

第6章 引入品牌授权后的循环产品定价策略 ………………………… 111
6.1 引入情感特征值的循环产品供需分析 …………………………… 112
6.2 企业循环产品的选择与溢价机制分析 …………………………… 114
6.3 循环企业最优定价的数据模拟分析 ……………………………… 115
6.4 循环企业定价的建议 ……………………………………………… 118
6.5 本章小结 …………………………………………………………… 120

第7章 循环经济行业协会品牌授权机制分析 ………………………… 122
7.1 自治组织有效运行的机制分析 …………………………………… 122
7.2 行业协会有效运行的品牌经济学分析 …………………………… 131
7.3 本章小结 …………………………………………………………… 143

第8章 基于品牌授权的循环经济案例研究 …………………………… 144
8.1 作物秸秆循环利用的品牌授权研究 ……………………………… 144
8.2 流域生态补偿持续发展的品牌授权研究 ………………………… 154
8.3 大型公共设施循环利用的品牌授权研究 ………………………… 164
8.4 本章小结 …………………………………………………………… 174

第9章 研究结论与展望 ………………………………………………… 176
9.1 研究结论 …………………………………………………………… 176
9.2 研究展望 …………………………………………………………… 179

参考文献 ………………………………………………………………… 180

第1章 导 论

1.1 问题的提出

制约循环经济发展的两大基本要素是技术和市场。部分学者认为循环经济实质上是一种技术范式革命（齐建国，2004），然而在循环经济体系构建过程中，许多在技术上已获得成功的项目，在实践中仍然无法推行。实践证明，相关项目或产品在技术上的成功，只是发展循环经济的必要条件，而不是充分条件。通过大量的案例研究，我们发现目前在实践中循环经济面临的重要问题是，大量技术上已获得成功的循环模式无法在市场中发展，同时在生态容量一定的条件下，人们无法摆脱对资源的高度依存也是阻碍循环经济发展的重要因素。

因此，本书研究的问题是：循环经济持续稳定发展的内在机制是什么？如何使技术上已获得成功的循环模式得到市场的认可？

工业化带来的规模效益是实现现代化的必经之路，我国通过资源、环境、劳动、外资和汇率的综合作用，也即要素投入型发展方式，基本实现了从农业到工业化的第一阶段，也即经济总量的工业化。然而，由此带来要素成本的增加和环境资源的限制，已经难以支持经济总量的持续增长。事实上，规模经济带来的经济快速增长与人们对生态文明的需求之间，存在着严重的矛盾。因此，发展循环经济，更高效率地运用有限资源是我国经济发展的重要方向。循环经济涉及的主体包括政府、企业和消费者，其中企业主要是指工业企业，是追求利润最大化的组织；消费者是追求效用最大化的个体。而循环经济相比于传统经济的成本高很多，企业和消费者出于自身利益的考虑，并不会自发地选择循环经济，因此市场失灵的现象是循环经济推广过程中面临的关键问题。目前政府出台的法规、政策优惠和经济补贴是推进我国循环经济的主要动力。从实践来看，政府的这些政策虽然在一定程度上促进了循环经济的发展，但是还存在着很大的局限性。

1.1.1 研究背景

党的十九大报告指出："加快建立绿色生产和消费的法律制度和政策导向，建立健全绿色低碳循环发展的经济体系。构建市场导向的绿色技术创新体系，发展绿色金融，壮大节能环保产业、清洁生产产业、清洁能源产业。推进能源生产和消费革命，构建清洁低碳、安全高效的能源体系。推进资源全面节约和循环利用，实施国家节水行动，降低能耗、物耗，实现生产系统和生活系统循环链接"。

人类利用自然的能力越来越强，给生态环境造成的破坏也越来越明显，已经逐渐危害到人类自身的生存和可持续发展。地球上的石油总量（包括已经探明和估计存在）按照目前的利用速度，大约还能维持 80 年；联合国粮食和农业组织发表的《世界森林状况报告》指出，世界森林面积以每年 730 万公顷的速度在减少，相当于两个巴黎的面积，而且目前全球森林还在加速消失；地球上人类可利用的淡水资源非常有限，约占地球总水量的 0.26%，然而生活废水、工业废水、含有农业污染物的废水以及水资源的浪费，加剧了淡水资源的短缺①。

目前，一系列的环境污染问题让人们认识到重视生态经济、坚持可持续发展道路的重要性。世界各国就环境保护、低碳经济等问题进行了探讨，促使各国加快了改革的步伐。近年来，我国借鉴发达国家的经验，在发展绿色循环经济方面做了许多改革和尝试，取得了一定的成绩。据 2018 年政府工作报告指出，五年来，我国生态环境状况逐步好转。制定实施大气、水、土壤污染防治三个"十条"并取得扎实成效。单位国内生产总值能耗、水耗

---

① 据世界银行的报告估计，由于水污染和缺少供水设施，全世界有十亿多人口无法得到安全的饮用水。

均下降20%以上，主要污染物排放量持续下降，重点城市重污染天数减少一半，森林面积增加1.63亿亩，沙化土地面积年均缩减近2000平方公里，绿色发展呈现可喜局面。各省区市在经济发展过程中也不断探索创新，取得一定突破。例如，在山东省重点行业循环经济模式初步形成，并涌现48个典型模式案例。经过十多年的发展，山东循环经济已从最初的修旧利废、企业局部循环、单纯寻求环保达标，发展到主动作为、积极作为；从工业领域拓展到农业、服务业乃至全社会；从简单原始到规范多样，派生出一大批新技术、新产品、新业态。通过国家和省两级试点，总结提炼出48个循环经济典型模式案例，全省循环经济站上了新起点，进入了新阶段。此外，多层次多形式试点示范格局初步确立，国家级、省级两手齐抓。全国目前已形成由44个国家级、259个省级试点示范组成的，企业带动行业、行业带动区域、区域带动社会的循环经济发展格局[①]。

然而，我国循环经济的发展仍然处于探索阶段，在发展过程中出现了较多问题，制约了可持续道路的发展。从现实中，我们观察到了以下四类现象。

(1) 观察到的事实1：循环经济获得市场成功的案例。

"日本农产"是日本最大的饲料企业，在循环产业链中处于重要地位。饲料是典型的工业品，品质、价格、服务是竞争的主要要素。消费者购买鸡鸭鱼肉时，不那么关心品牌。"日本农产"开发了一种与众不同的鸡蛋。从视觉上看，蛋黄的颜色更红，而且比普通蛋黄更有张力。从营养角度看，它含有一些微量元素。"日本农产"注册了"光"牌商标并进行品牌建设。使用"日本农产"饲料的养鸡场可以用公司注册的"光"品牌向消费者出售鸡蛋。现在，日本超市的货架上通常陈列着两类鸡蛋：一类是没有品牌的鸡蛋，售价150日元/盒（每盒6枚）；另一类是"光"鸡蛋，售价300日元/盒。"光"鸡蛋占日本鸡蛋总销量的1%左右。如果没有"光"鸡蛋的品牌标识，消费者难以识别鸡蛋的细微差别；如果没有高达一倍的品牌溢价收入，养鸡场也不愿意购买价格更高的鸡饲料。对于"日本农产"而言，向养鸡场推销品牌是一件困难

[①] 庞峰. 山东循环经济呈现四大特点涌现48个典型模式案例[N]. 齐鲁网, 2017-04-20.

的事，但向普通消费者推广品牌则是一件相对容易的事。①

　　日本农产通过对鸡蛋品牌的建设，成功构建了"饲料——养殖户——消费者"的产品链条，通过消费者对"光"牌鸡蛋的需求，产生了对日本农产饲料的需求，由此产生了较大的品牌拉力。饲料作为一种中间产品，直接消费者是饲养户。饲养户出售牲口后，通过成本收益比较来决定在下一个饲养周期中是否继续购买某厂家的饲料。对于大多数养殖户来说，其收益随着牲口市场价格的波动而变动，极不确定，但其饲养牲口付出的成本是确定。因此，在面对确定的成本和不确定的收益时，在饲养效果无明显差别的条件下，饲养户更偏向于购买低价格的饲料，这便是造成饲料厂商价格竞争的重要原因。为促进资源的综合利用率，政府推动建设了一批利用上游企业的废料进行饲料生产的企业，例如，山东莱西市引进了国内农字号龙头企业——陕西省海升果汁有限公司的果汁加工项目，年加工苹果80万吨，出口浓缩果汁4万吨，同时产生湿果渣4万吨。为了综合利用该公司残留的苹果渣，莱西市在该公司开工建设的同时，又配套引进建设了青岛科奈尔饲料公司，把海升果业公司生产浓缩苹果汁所产生的4万吨湿果渣，加工成8000吨的苹果粕颗粒，作为奶牛饲料的添加剂②。又如，甘肃省将扶持有一定规模的秸秆饲料生产加工企业进行技术改造、装备升级和产品研发，提高秸秆饲料生产加工机械化水平，逐渐形成"加工秸秆——养殖牛羊——增加肥料——多打粮食——多产秸秆"的农牧结合循环利用模式③。然而，这些饲料企业面临的最大问题就是销售市场问题，激烈的价格战使许多企业难以维持生存所需要的基本利润，从而造成循环经济链条比较脆弱，发展受到限制。

　　从"日本农产"成功的例子可以看出，循环企业在技术上成功只是完成了物质资源的循环利用，如何在市场中得到消费者的认可，实现产品的价值循环，是循环经济发展中亟需解决的问题。

---

① 刘春雄. 把饲料商标贴到鸡蛋上 [EB/OL]. (2004-08-01), http：//www.cmmo.cn/article-9611-1.html.
② 山东莱西推进饲料循环经济有绝招 [EB/OL]. (2013-02-05) http：//info.1688.com/detail/1105907621.html.
③ 甘肃发展循环农业今年将使一半以上的秸秆饲料化 [EB/OL]. (2011-06-06) http：//news.ifeng.com/gundong/detail_2011_06/06/6845599_0.shtml.

(2) 观察到的事实 2：大量循环经济发展受到制约的案例。

山东泉林嘉有肥料有限责任公司隶属山东泉林集团，泉林集团是以浆纸业为核心的大型企业集团，是国家循环经济首批试点企业之一。泉林嘉有公司是全国最大的秸秆综合利用生产企业，公司遵循"取之于田、用之于民、还之于地"的循环规律，依靠独有的提炼技术和喷浆造粒技术，生产出独特的木质素为原料的有机肥，在业内独树一帜。泉林嘉有利用天然植物秸秆生产绿色有机肥，发展了"农田——天然作物——有机原料——肥料——农田"的循环模式。这既是泉林嘉有一直致力于发展循环经济模式的成果，同时也为农业的可持续发展走出了一条新路子。泉林嘉有独创的秸秆去纤维精制木素有机肥技术科技成果，经由刘更另院士等组成的专家组评定为国际领先水平，开创了有机肥产业化发展的新模式。

根据试验数据显示，泉林嘉有有机肥可使大豆增产量高达 10.7%，玉米增产量高达 6.12%，水稻增产量高达 13.5%。目前，公司规模已达到年产肥料 100 万吨，但是实际销售量却受到限制。泉林嘉有公司拥有国际领先水平的有机肥制造技术和工艺，实现了秸秆向有机肥的成功转化，使农作物的产量和品质有了一定程度的提高，那为什么其有机肥的销售量却受到限制呢？

农作物秸秆是农业生产的副产物，同时也是一种宝贵的生物质资源。根据农业部相关统计资料显示，我国每年可收集的作物秸秆量为 6.87 亿吨，其中未利用量为 2.15 亿吨，占 31.31%。未利用部分主要以焚烧方式处理，不仅造成资源浪费，而且还严重污染环境。因此，如何利用好农作物秸秆资源，积极推进循环农业，是当前亟待解决的问题。

另外，作为一个农业大国，自 20 世纪 90 年代始，我国化肥开始大量施用，2015 年农业化肥总用量为 5416 万吨，成为全球化肥用量最高的国家，是全球平均用量的 3.4 倍、非洲的 27 倍。在资源约束加剧的情况下，种植业能保持稳定发展，化肥的投入和科学施肥功不可没。但高速发展的化肥工业也给我国农业带来了很大困难：第一，不合理施用化肥导致土壤质量下降和污染的发生，如我国的氮污染已非常严重；第二，我国化肥利用效率不高，一般都低于 30%，每年氮肥损失近 400 亿元。土壤是农业发展的基础，过量的化肥使用直接威胁农业的可持续发展。近年来，国家相继实施了测土配方施肥和到2020年化肥使用量零增长行动，力求在不同区域，根据不同作物需肥规律、土壤供肥特性及其肥料效应，优化氮、磷、钾及中微量元素及其有机肥施用，实现减肥增效、提质环保的目标。

在国家的高度重视和大力支持下，我国利用秸秆制造有机肥的技术有了快速发展。然而许多企业在实践过程中却出现了"只循环不经济"的困境，即企业投入高额的费用实现了资源的循环利用，但其产品的市场价值不足以弥补成本甚至其产品根本没有市场，必须依靠政府的政策优惠和资金补助才能持续下去。对于"只循环不经济"的现象，有学者将其归结于技术原因或体制上的束缚，然而我们看到一些企业即使在技术和体制上实现了突破，其循环经济的模式仍然不能高效快速运行，甚至极不稳定。如山东省泉林嘉有肥料有限公司拥有国际领先有机肥制造技术，然而其优质有机肥的销售量却受到市场的限制，不能得到快速的提高。

关于作物秸秆的循环利用，现有文献主要从秸秆循环利用的方式及效益方面进行分析。例如，田宜水等（2011）从总量、经济性、空间和时间分布等角度来评价了秸秆资源，建立农作物秸秆评价标准体系，将农户问卷调查与农作物收获时直接采样测试草谷比等方法结合起来，提出了秸秆资源调查与评价的范围、内容和方法[1]。张安来（2010）总结了我国目前秸秆利用情况及存在的问题，提出要实现秸秆从自给自足利用向产业化转化，需要加大政府对秸秆资源化开发和利用投入，建立机制增强全民利用秸秆的自觉性等新思路[2]。王静（2010）等分析了我国"秸秆——肥料——种植""秸秆——饲料——种植""秸秆——沼气——种植""秸秆——食用菌——养殖"等四种农作物秸秆综合利用模式在循环农业中的多重效益，指出目前农作物秸秆综合利用中存在的问题及解决措施[3]。相似研究还包括蔡亚庆（2011）等、忠华平（2003）

---

[1] 田宜水，赵立欣，孙丽英等．农作物秸秆资源调查与评价方法研究［J］．中国人口．资源与环境，2011（3）：583－586．
[2] 张安来．农作物秸秆资源的开发与利用［J］．湖南农机，2010（7）：17－18．
[3] 王静，张宗舟，张天佑，王彩娟．作物秸秆在循环农业中的多重效益［J］．天水师范学院学报，2010（5）：47－50．

等、李研宁（2010）等①。这方面的研究强调了秸秆循环利用的途径及社会效益，然而对于循环系统是否能够稳定发展下去，以及该如何发展的问题并没有得到解决。

(3) 观察到的事实3：政府管制对资源可持续发展失效的案例。

隶属于上海解放日报报业集团的《报刊文摘》，在2008年5月5日出版的《报刊文摘》第三版，报道了这样的一则新闻：当初洞庭湖的渔业由渔民们推选一位德高望重者当会长，每年每条船交一点费用，年终集中起来购买小鱼苗投放。另外，对网眼的大小也有严格的规定，渔民们相互监督，谁缩小网眼立刻就会被逐出湖区。这样千百年来，洞庭湖一直鱼虾丰茂，从未出现过打不到鱼的现象。

可自从有了《渔业法》，洞庭湖边上多了个官家办的"渔政管理委员会"。起初，管委会还只有8个人，每年虽然要从每条渔船上收管理费，但因为人数不多，渔民们的负担还不算太重。只是管委会对新加入的渔船的控制比自治协会时要松得多，有些人给管委会的人送点东西，一个捕鱼证就批了下去。既有"费"可收，又有人送东西，还能吃到好鱼好虾，管委会的编制很快就被突破，地方上许多官员的七大姑八大姨纷纷进入管委会。由于编制控制，这些新人的工资待遇皆从渔民头上收取。随着交费的逐年增多，渔民们使用的网眼也越来越小，最后发展到用电捕鱼。

此时的渔管会已养了80多人，一边对上级嚷嚷着人手不够，管不过来，要求上级拨发费用；一边对渔民继续提高缴费额，从而使滥捕现象愈演愈烈。在这样的恶性循环下，到2000年年初，被暗中批准的电捕船就已达20多条，很快，洞庭湖渔业资源陷入枯竭。当初成立"渔管会"的理由是什么？——"保护渔业资源"。

由该案例可以看出，资源的可持续发展涉及两个重要问题：一是如何对资源的利用进行有效管理；二是如何突破资源量的限制，减少经济发展对环境资源的依赖。针对第一个问题，我们发现，历史上的洞庭湖渔民自治组织，实现

---

① 蔡亚庆，仇焕广，徐志刚. 中国各区域秸秆资源可能源化利用的潜力分析 [J]. 自然资源学报，2011 (10): 37 - 46. 钟华平，岳燕珍，樊江文. 中国作物秸秆资源及其利用 [J]. 资源科学，2003 (7): 62 - 67. 李研宁，刘亭亭. 作物秸秆综合利用技术研究 [J]. 价值工程，2010 (8): 107.

了洞庭湖渔业资源的可持续发展,而承担政府管制作用的"渔政管理委员会"的成立,却导致洞庭湖渔业资源的枯竭。那么,造成政府管制失败的原因是什么呢?自治组织有效的监督管理机制又是什么呢?针对第二个问题,目前国家提倡的转变经济发展方向,是减少经济发展对资源依赖的重要途径,但问题是转变的方向是什么呢?对此,许多学者提出效仿发达国家,从资源依赖型增长转变为技术型增长。然而中国作为后起之秀,需要面临很多发达国家不曾遇到的强大竞争压力:一是各行业都存在着强大竞争者;二是世界经济一体化的压力,关税保护政策失效;三是发达国家对我国经济发展的抑制压力,甚至有国家发表关于中国威胁论的言论。因此技术型增长一方面面临着巨大的研发成本和较长时间成本投入;另一方面面临着很大的国际竞争压力,成功实现转变的阻力较大。本书针对相关问题做了详细分析论述。

(4) 观察到的事实4:行业协会管理对循环经济发展的案例。

根据《中华人民循环经济促进法》第十一条规定,国家鼓励和支持行业协会在循环经济发展中发挥技术指导和服务工作。县级以上人民政府可以委托有条件的行业协会等社会组织开展循环经济发展的公共服务。行业协会作为政府和微观企业之间的桥梁,不仅可以为企业传达合理的需求,还可以辅助政府宏观调控政策的实施。因此,行业协会在循环经济建设中发挥了重要作用。

从目前实践情况来看,有的行业协会对循环经济的发展起到了较好的促进作用。例如,漯河市再生资源行业协会成立于2004年9月,是由全市从事再生资源回收利用的企业、基层供销社和个体经营者自愿参加组成的非营利性、自律性的社团中介组织,现有会员126个。协会坚持发展循环经济,加强对再生资源回收行业和流动收购人员的管理和规范,逐步建立起了再生资源回收网络。协会宣传经济政策,维护会员的合法权益,培育和扶持龙头企业等,帮助当地循环经济发展取得了良好效益。[①] 又如,山东省新泰市虫业协会将蝗虫产业和循环经济作为特色,以养殖、销售、加工蝗虫为主,兼营以蝗虫等绿色饲料饲养的蚂蚱鸡和以蝗虫粪、鸡粪为有机肥料的无公害蔬菜以及绿色鱼塘,促

---

① 漯河市再生资源回收行业协会发展循环经济,坚持服务立会 [EB/OL]. (2011 - 04 - 14) http://www.chinaconcretes.cn/yewufanwei/bangongjiajuhuishou/2011/0414/86.html.

进了当地循环农业经济的发展,取得了较好成果。①

然而,目前我国行业协会的发展尚不成熟,在职能定位、内部管理、工作效率等方面还存在一系列的问题。据统计,我国目前行业协会2/3几乎或完全丧失组织功能,甚至对行业的发展起了阻碍作用。现存的行业协会大多更习惯于依赖政府的支持,难以真正成为会员企业的利益代表。② 那么,导致我国行业协会不承担责任的根本原因是什么呢?更进一步的,如何促使我国行业协会在循环经济中的功能得以发挥呢?本书对此给出了详细的分析证明。

1.1.2 问题的提出

通过大量的案例研究,我们发现目前在实践中循环经济面临的重要问题是,大量技术上已获得成功的循环模式无法在市场中发展,同时在生态容量被限定的条件下,人们无法摆脱对资源的高度依存也是阻碍循环经济发展的重要因素。由此引发的问题是,循环经济持续稳定发展的内在机制是什么?如何使技术上已获得成功的循环模式得到市场的认可?另外,本书试图在理论模型的指导下,对现实中各类循环经济的发展模式提出新的方向和思路。

1.1.2.1 循环企业发展面临的问题

发展循环经济的企业面临的普遍问题是,经济效益和生态环境效益之间的矛盾。许多微观企业只注重循环的形式,缺乏在市场经济环境下发展的动力,由此导致"循环不经济"的问题比较突出。例如,在江苏苏南地区,很多纺织企业都建有"中水回用"系统,在中水循环利用的技术上已经成熟,但该系统却很少有投入使用的。造成这种现象的根本原因是成本问题:每吨污水达到回用标准的处理成本为2.2元左右;而该地区每吨自来水的售价为0.8元,每吨污水的处理费也为0.8元。也就是说,在现有的水价体系下,纺织企业节

---

① 曹成全. 拓展蝗虫产业,发展循环经济——以山东省新泰市虫业协会的发展模式为例[J]. 科学养殖, 2008(5): 44-45.
② 余晖. WTO体制下行业协会的应对策略——以反倾销为例[J]. 中国工业经济, 2002(3): 39-46.

水无利可图，导致了循环设施的闲置。当前不少企业的循环经济，虽然能够循环起来，但不经济。这将导致最先进的技术难以得到推广，企业发展循环经济动力会逐渐减弱。①

有一部分学者指出，在环境保护方面存在着"市场失灵"的现象，化解循环经济长期利益和短期利益矛盾的方法是政府调控。② 由于我国在资源的产权明晰上存在问题，从而导致"市场失灵"的现象时有发生，此时政府干预可以在一定程度上发挥作用。但是通过政府干预来弥补"市场失灵"仍然可能存在难以解决的问题，实际上，政府干预往往不能纠正"市场失灵"，反而会把市场进一步扭曲，又可能引发"政府失灵"的现象。如果忽略了市场机制，过于依赖政府在政策和资金方面的支持，也只能解决循环企业的短期问题，循环经济模式难以持续稳定的发展。

$$\pi_1 = P_0 \cdot Q_0 - (C_v + C_f) \tag{1.1}$$

$$\pi_2 = P \cdot Q - (C_v + C_f + C_s) \tag{1.2}$$

式（1.1）和式（1.2）分别表示非循环企业和循环企业的利润。其中，P、Q分别表示产品的价格和产量，C_v、C_f分别表示生产的固定成本和变动成本，C_s表示物质循环利用过程中的额外成本③。

从以上两式的对比可以看出，循环经济企业的成本较非循环企业的高出C_s，而其产品在物质功能上基本具有同质性。因此，在市场竞争中，如果循环企业提高产品价格（$P > P_0$），则其市场需求量将减少（$Q < Q_0$）；如果保持价格与非循环企业的价格一致，则循环企业又会因为较高的成本，导致价值循环不能顺利实现，这是限制企业发展循环经济的市场原因。

从技术和工艺上实现了物质循环只是循环经济发展第一步，如何以高于同类产品的价格将产品销售出去，实现从企业生产到市场交换的价值循环，则是

---

① 新华网. 我国资源利用"循环不经济"问题突出 [EB/OL]. (2013 – 05 – 23) http：//news.xinhuanet.com/2013 – 05/23/c_115886170.htm.

② 来有为. 循环经济发展中的障碍及解决对策 [J]. 中国发展观察, 2007 (1)：27 – 29. 张荣现, 韩苗苗. 我国农业循环经济的发展模式及立法规制 [J]. 农业经济, 2012 (5)：9 – 11.

③ 以清洁生产为例，在清洁生产尚没有全面推广和成为硬性要求的前提下，企业进行清洁生产需要投入大量的环保设备，采购清洁原材料，使用清洁能源，这比同行业没有采取清洁生产的其他企业成本更高。

决定该循环体系能否持续下去的经济因素。因此,企业的任务是如何获得循环经济所生产出的产品定价权,也即如何在高于市场均衡价格的条件下提高产品销售量。

1.1.2.2　行业协会在循环经济发展中面临的问题

行业协会作为社会自治组织的一种形式,其运行规则受到自治组织运行规则的制约。对于自治组织这种制度,群体理论认为,具有共同利益的个人会自愿地为促进他们的共同利益而行动[①];而奥尔森则认为"理性的、追求自身利益的个人不会为实现他们共同或群体的利益而采取行动"[②]。学术界就自治组织中个体之间是否会为实现共同的利益而采取行动,产生了完全相反的意见。在现实中我们发现,这两种情况均存在于自治组织中。那么由此引出的问题就是,在什么条件下个人会为了共同利益而行动?在什么条件下不会?

此外,对于目前我国行业协会本身而言,导致我国行业协会不承担责任的根本原因是什么呢?更进一步的,如何促使我国行业协会的功能得以发挥呢?本书通过分析发现,目前我国行业协会采取的会费收取模式与内部的监督机制之间存在着矛盾,从而导致行业协会内部监督机制失效。

1.2　问题的研究和框架

1.2.1　研究意义

随着资源的紧缺状态越来越严重以及人们对生态环境的要求越来越高,资源依赖型的经济增长模式受到很大限制,循环经济受到广大学者和各国政府的

---

① Bentley, A. The Process of Government [M]. Evanston. Principia Press, 1949: 111.
Truman, D. B. The Government Process [M]. New York: Knopf, 1958: 54.
② Olson, M. The Logic of Collective Action: Public Goods and the Theory of Groups [M]. Cambridge, Mass: Harvard University Press, 1965: 68–75.

高度重视。我国的循环经济还处于探索实践阶段，面临着较多的问题，因此对该方面的研究具有重要的理论意义和实践意义。

1.2.1.1 理论意义

1966年，K. 鲍尔丁提出的"宇宙飞船理论"被认为是循环经济理论的早期代表。David Pearce 和 Kelly Turner（1990）在《自然资源与环境经济学》一书中最早提出"循环经济"一词，并将其分为自然循环与工业循环两个部分。现有学术界对循环经济的研究文献众多，分别侧重于生态学角度（如曲格平，2001；冯之俊，2004；李康，2007；俞金香，2003等），市场经济学角度（如苏杨，2004；张小兰，2005；张思峰，2004；陈祖海，2004；周华，2004等），技术创新角度（如齐建国，2004，2013；诸大建，2000，2005，2013；曲格平，2002；解振华，2003；冯之浚，2003等），产业链角度（如曹凤中，2004；包菊芳，2007；曹望，2008；李文丽，2007等），政府干预角度（如罗杰·皮特门，1999；马中，2006等）以及金融支持角度（如王卉彤和陈保启，2006；熊春红，2011等）。

通过对相关文献的梳理发现，现有理论没有解决如何让技术上已获得成功的循环模式在市场中顺利实现运转，也没有回答在生态容量一定的条件下，如何实现经济效益的最大化的问题。针对目前理论还没有解决的问题，本书在品牌经济学范畴内，运用品牌授权的思想对循环经济的盈利进行了深入分析。书中通过构建品牌授权的作用机制模型，并引入循环经济的发展中，从理论上解决现有循环经济中存在的问题，是对现有理论的补充和完善。

1.2.1.2 选题的实际意义

发展循环经济、建立循环型社会是实施可持续发展战略的重要途径和实现方式。2003年，胡锦涛在中央人口资源环境座谈会上提出"要加快转变经济增长方式，将循环经济的发展理念贯穿到区域经济发展中，使资源得到最有效的利用"。2008年8月29日，我国通过了《中华人民共和国循环经济促进法》，从法律上确立了循环经济在经济发展中的重要性。2011年12月，国务院发布《国家环境保护"十二五"规划》，明确规定到2015年我国环境保护主要指标的排放量，提出大力推进生产、流通、消费等各个环节的循环经济发展，构建覆盖全社会的资源循环利用体系。循环经济要求以环境友好的方式利用自然资源和环境容量，实现经济活动的生态化转向。在目前工业化进程不断加快、环境问题越来越突出的时代，循环经济的优越性和必要性受到政府和社会的广泛关注。

然而在现实中，我们看到大量发展循环经济的企业现状不容乐观，政府补贴仍是许多企业赖以生存的重要途径。2012年9月，财政部、国家发展和改革委员会联合发布了《循环经济发展专项资金管理暂行办法》，对发展循环经济的企业进行扶持。然而，长期依靠政府补贴生存的企业是缺乏核心竞争力的表现，在市场经济中的发展也受到很大限制。目前，在实践中循环企业面临的重要问题就是，大量技术上已获得成功的循环模式无法在市场中发展，同时在生态容量被限定的条件下，人们无法摆脱对资源的高度依存也是阻碍循环经济发展的重要因素。

本书在理论模型的分析基础上指出，一个循环系统要持续稳定的发展，需要从物质循环、价值循环以及品牌循环三个方面实现全面的循环。物质循环是循环经济实现的前提条件，价值循环是循环经济实现的必要保障，品牌循环是循环经济持续发展的强劲动力。本书从现实案例出发，找出循环企业存在的问题，通过构建合理的模型对这些问题做出了一一解答，同时，针对实际中的案例提出了切实可行的改进建议，为我国循环企业的发展提供了明确、新颖的思路。

1.2.2 研究方法

本书属于品牌经济学研究，通过对现实问题的观察，采用一套新的理论对其进行论述、分析和解释，并将研究成果进一步推广到现实中其他相似案例中。因此，总的来说，本书属于实证经济学范畴。本书运用的研究方法主要包括以下四种。

（1）选择成本分析范式。本书在品牌经济学的框架下，将选择成本引入对品牌授权和循环经济的研究。选择成本分析范式的特点在于，在对循环经济进行研究时，从对厂商生产行为的研究转变为从消费者角度对其进行研究。这种研究方法适应于从短缺经济到过剩经济的转变，是对现有理论的完善和补充。品牌建设的目的是降低消费者的选择成本，这也是本书的核心理论基础。

（2）实证研究与规范研究相结合的方法。实证经济学是相对于规范经济学而言，规范经济学的任务是设定一个标准，也即研究"应该是什么"的问题；实证经济学要求排除主观价值判读，对已发生的现象或事实为何发生的描述与解释。本书对循环经济的品牌授权研究多属于实证经济学的范畴，也即探索隐藏在现象背后的本质问题。同时，书中对品牌授权成功的条件以及行业协会有效运行的条件进行了规范分析。

（3）数理经济学分析方法。本书大量运用数理经济学的相关理论知识，对经济现象进行推理证明。例如，本书在较合理的假设条件下，对品牌授权的作用机制进行了抽象的数学描述，推导出了品牌授权成功的条件。同时，还运用博弈论方法对授权方和被授权方的行为进行了分析。在循环经济的三循环模型的构建过程中也运用了数理经济学的方法。

（4）归纳与演绎法。本书一方面通过实际案例的分析找出品牌授权成功的条件，归纳出品牌授权的作用机理；另一方面，在该机理的指导下，反过来运用在品牌授权的策略制定方面。

1.2.3 研究思路与框架

本书从现实案例出发，从中发现并提出问题。目前，现有循环经济存在主要问题是：大量技术上已获得成功的循环模式无法在市场中发展，同时在生态容量被限定的条件下，人们无法摆脱对资源的高度依存。本书构建了循环经济持续发展的三循环模型，即物质循环、价值循环和品牌循环。物质循环和价值循环使循环经济本身的顺利发展得到保证，而品牌循环使企业的盈利模式将从资源本身转向到非资源方向。通过品牌建设构建循环经济的品牌授权模式，能获得较高的品牌溢价，是解决该问题的较好办法。

本书预期的研究思路如图1-1所示，分为三大部分。

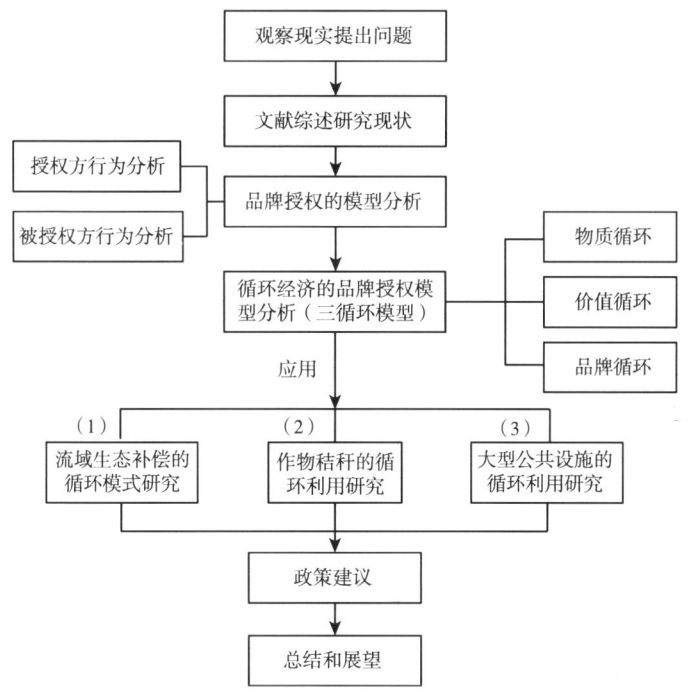

图 1-1　本书的结构框架

资料来源：作者绘制。

第一部分是问题的提出，包括导论和文献综述。该部分主要是提出问题，同时介绍研究背景和国内外文献梳理，指出现有研究的不足之处，从而提出以品牌授权为核心的三循环模式现实可行性。同时对书中所涉及的概念和分析假设进行界定，本部分包括第1章和第2章。

第二部分是解释性模型的构建，包括对品牌授权的作用机制分析模型和三循环模型。该部分主要从理论上推导出品牌授权成功的条件以及三循环对于循环经济的必要性。本部分主要包括第3章、第4章、第5章、第6章和第7章；第3章对品牌授权方的行为进行经济分析，分别对授权准备阶段和授权阶段的条件进行论述，为授权方成功进行授权提出相关建议；第4章对品牌被授权方的行为进行经济分析，以珠三角地区中小企业为例，对被授权方如何选择授权商进行分析；第5章对循环经济持续发展的三循环模型进行分析，分别对物质循环、价值循环和品牌循环的概念和发展模型进行详细论述；第6章对引入品牌授权后的循环产品定价策略分析。第7章对循环经济中行业协会品牌授权机制进行分析，指出制约我国行业协会发展的根本原因是协会的经费收入来源问题，并据此提出发展建议。

第三部分是理论的实际应用，为第8章内容。该部分在理论模型的指导下，对现实中各类循环经济的发展模式提出新的方向和思路。主要包括作物秸秆循环利用的品牌授权研究、流域生态补偿持续发展的品牌授权研究以及大型公共设施循环利用的品牌授权研究等方面。同时，在对问题进行分析论述的基础上，针对性地提出相关的发展建议。

最后，第9章对本书的研究进行总结，并对未来研究方向做出展望。

1.2.4 本书创新点与研究不足

1.2.4.1 创新点

本书的主要创新之处主要包括以下三点：

第一，从品牌经济学视角对品牌授权的作用机制进行详细分析。现有对品牌授权的研究主要从管理学和营销学的角度进行，也即回答如何进行品牌授权，但没有回答品牌授权所需要的条件。本书在品牌经济学的框架下，详细探讨了影响授权方成功与否的因素和作用机理。

第二，将品牌授权模式引入循环经济的发展中，提出实现循环经济的"三循环模式"。本书在理论模型的分析基础上，指出一个循环系统要持续稳定的发展，需要从物质循环、价值循环以及品牌循环三个方面实现全面的循环。"三循环模式"中的物质循环和价值循环使企业顺利发展得到保证，而品牌循环使企业的盈利模式从资源本身转向到非资源方向，从而保证了资源的可持续发展。

第三，从品牌经济学角度对行业协会有效运行的条件进行了分析。在资源量一定的条件下，自治组织中的剔出机制通过剔出违规成员，增加其他成员的权益，由此形成效率较高并且监督成本很低的内在监督机制。行业协会作为自治组织的一种形式，其收费模式与内部监督机制之间存在悖论，从而导致协会内部监督失效。针对该问题，本书指出行业协会应从会费收取模式转变为协会品牌机制，并以股份方式让所有会员参与协会建设并分享增值收益。

1.2.4.2 研究不足

本书在品牌经济学的框架下,构建循环经济持续发展的三循环模型,对循环经济的发展起到一定的指导作用,但本书研究仍然存在许多不足之处。

第一,缺乏更为科学严密的数据支撑。本书所涉及的数据来源较多,如泉林嘉有肥料销售数据和成本数据、丰田威驰和吉利美日的销售数据等,在获取这些数据时,主要以其官方网站为主,但也有部分从非官方网站获得,数据的真实可靠性存在着一定的疑问。如果能获得更加科学严密的数据,将更有利于做出正确的判断。

第二,在对品牌授权模型分析时,缺乏经济理论深度分析。品牌授权行为涉及授权方、被授权方和消费者等多方的利益,同时消费者行为具有复杂性。本书在分析时着重从品牌授权对品牌信用度的影响来分析,在以后的研究中应加强模型与消费者心理学和营销学等多个学科领域的联系,更加全面地反映品牌授权对各方利益的影响。

第三,本书所涉及的对循环经济持续稳定发展的问题较多,受研究精力和篇幅所限,仅对其中的核心问题进行了分析,不少问题还有待以后进一步深入研究。例如,对于政府在循环经济中的角色定位和作用的研究还不够,需要在以后的研究中不断补充和完善。

1.3 基本假设与概念界定

1.3.1 基本假设

1.3.1.1 "理性经济人"假设

"经济人"假设是古典经济学分析的基本假设。经济主体以追求自身利益最大化或效用最大化为目标;消费者在做出消费决策时,在支出一定的情况下,追求效用最大化;或者在效用一定的情况下,追求支出最小化。厂商在进行生产决策时,在生产成本一定的情况下,追求利润最大化;或者利润一定的情况下，追求成本最小化。

对于消费者而言，产品带给消费者的利益包括物质利益和情感利益两个方面。传统经济学在求解消费者效用最大化的过程中，往往只考虑了产品带给消费者的物质利益，忽视了情感利益。在商品爆炸式增长的过剩经济时代，产品的同质化现象已经非常严重，也即产品所带给消费者的物质利益相似，那么，影响消费者效用大小的决定性因素便是情感利益的差别。情感来源于心理波动而产生的满足感①，而这种满足感具有主观性，有时会与外界对该行为是否理性的评判标准产生分歧。"理性经济人"的假设可进一步解释为：消费者从自身满足感的角度出发所产生的行为是理性的，即追求满足感最大（物质利益与情感利益的总和）②。

对于厂商而言，传统经济学认为在厂商成本一定的条件下，价格和需求量成反比，价格是影响厂商利润的关键。在短缺经济时代，厂商的生产行为决定了消费情况；而在过剩经济时代，消费者的选择决定了厂商的生产行为，此时，价格与需求量之间并不总是存在着反比关系。由此看出，决定产品市场需求的关键因素除了价格外，还有另外因素。品牌经济学认为，产品品牌带给消费者的情感利益差异是影响厂商利润率的关键。

1.3.1.2 消费者自主选择假设

短缺经济时代，产品供不应求，消费者只能在有或无之间做出选择，无法按照自己的真实需求和情感偏好来选择，因此属于被动选择。工业文明带来了过剩经济，直接表现就是超级市场（supper market）和大规模批发市场的出现。世界著名的浙江义乌小商品批发市场，由中国义乌国际商贸城、篁园市场、宾王市场三个市场簇群组成，市场几乎囊括了工艺品、饰品、小五金、日用百货、雨具、电子电器、玩具、化妆品、文体、袜业、副食品、钟表、线带、针棉、纺织品、领带、服装等所有日用工业品。总共拥有43个行业、1900个大类、40万种商品。如此大规模的批发市场，在我国各地还

---

① 满足感（效用）表示个体对物质利益与情感利益刺激的综合偏好反映的描述，随着满足感程度的不同具体表现为不同的心理感受。

② 朱红红. 旅游景区品牌延伸机制与应用研究 [D]. 山东大学，2009：49 – 50.

有很多，如历史悠久的"天下第一街"——汉正街、华中最大规模批发市场——汉口北批发第一城以及浙江绍兴中国轻纺城、辽宁沈阳五爱小商品批发市场等。

在商品爆炸式增长的时代里，消费者处于令人疲惫的"信息超载"的状态[①]。人们在对大量同质化商品进行搜索辨别时，不仅面对的信息量巨大，而且容易受其他有吸引力信息的干扰，从而导致效率低下并且使大脑极易疲惫。而品牌高度凝集了不同产品之间的区别，因此，消费者能在信息高度不完备的情况下，较容易地做出选择。因此，消费者的自主选择是过剩经济发展的必然结果，进一步影响了产品的价格和销量。

1.3.1.3 物质利益相同条件下的情感偏好假设

在科技水平一定的条件下，厂商生产的产品在物质功能上具有较高的同质性，也即不同厂商的产品带给消费者的物质利益是相似的，但是带给消费者的情感利益存在着较大差别，这是造成产品价格差异的主要原因。现代信息化技术高度发达，产品的生产技术、包装、功能、服务、价格等几乎都可以快速复制，企业间产品的功能性差异缩小。以飞速发展的电子商务网站——淘宝网为例，目前淘宝网已经拥有超过 8 亿件的商品，当在"宝贝搜索"中输入"袜子"时，搜索结果显示共约有 1169918 个宝贝，包括短筒袜、中筒袜、高筒袜、连体袜等各类袜子，具体数量详见表 1-1。

表 1-1　　　　　　　　淘宝网搜索"袜子"结果显示

袜子类型	数量（件）	袜子类型	数量（件）
短筒袜	131729	高筒袜	12092
隐形船袜	64911	九分打底裤袜	9711
连裤袜	72856	运动/健身用品	104975
中筒袜	182329	其他袜子	38105

又如，服装带给消费者的物质利益为遮体保暖，但是不同品牌服装带给消

---

① 信息超载是指人们在应用或处理信息的过程中，由于信息量过大超出了个人的有效处理能力，从而产生的面对信息的低分析决策能力和无形的压迫感。

费者的情感利益是不同的：阿玛尼已不仅仅是印有黑底白字的时装，它代表了一种生活方式，一种奔放与活力的象征，将男性与女性的华丽、性感、恬逸与创造性演绎到极致；路易威登是精致舒适的旅行用品；范思哲倡导的是叛逆与性感。

在物质利益相似的条件下，"理性经济人"追求的效用最大化，实际是物质利益和情感利益总和的最大化。因此，厂商在物质利益相似的情况下，为消费者构建差异化的情感利益是赢得市场竞争的有效手段。当产品成为某一品类的代言或象征时，其产品便成为消费者的首要决策对象，形成有效的品牌壁垒。本书从实际情况出发，假定循环产品带给消费者的物质利益相同，消费者之所以选择不同的产品是因为对其情感利益有不同的偏好。

1.3.2 概念界定

1.3.2.1 品牌与品牌授权

品牌是目标顾客选择成本等于零的排他性单一利益点，而商标是品牌的法律载体符号（孙曰瑶，2006年）。因此，品牌授权（brand license）是指品牌的法律载体也即商标拥有者，允许被授权者使用品牌的法律载体即商标，在一定的时间和地理范围内，生产销售某类产品或提供某种服务，并向商标拥有者支付授权费用的经营方式。品牌授权行为的优势包括：帮助新产品快速进入相关市场；获得公司范围以外的专业知识；改变其他公司的竞争优势；增加品牌知名度。然而，品牌授权也具有较高的风险，品牌延伸可能会稀释品牌名称，延伸方向不一致可能会使消费者对母品牌的认识产生负面影响。

1.3.2.2 选择成本

在主流经济学中，消费者的选择行为被描述为在局限条件下追求效用最大化，即 $Max U(x, y)$，$s.t. P_x \cdot x + P_y \cdot y \leq m$。由此看出主流经济学对人们选择过程的解释建立在两个基础上：一是利用价格机制无摩擦、无成本；二是消费者在求解效用最大化的过程中无成本,而现实不是如此。科斯指出"发现相关价格的工作",即建立局限条件 s.t. $P_x \cdot x + P_y \cdot y \leq m$,是有成本的,即交易费用;品牌经济学指出,选择决策本身,即求解最大化过程 $MaxU(x, y)$ 也是有成本的,即选择成本。所谓选择成本(choice cost),是指通过交易费用,目标顾客获取一组品牌信息之后,从中选择一个品牌所花费的成本,用符号 C_c 表示。选择成本的高低决定了消费者的选择效率,从而影响产品需求量。引入选择成本的需求函数可表示为 $Q = f(P, C_c)$,且 $\frac{\partial Q}{\partial C_c} < 0$,也即选择成本与产品的市场需求量呈反向关系。选择成本是品牌经济学的核心,较低的选择成本有利于提高消费者的选择效率。

1.3.2.3 品牌信用度

品牌信用度(brand credit degree)是指通过排他性的品牌符号向目标顾客做出并做到某种品类承诺的程度,用符号 B 来表示。选择成本是关于品牌信用度的函数,即 $Q = f(P, C_c) = f[P, C_c(B)]$,$\frac{\partial C_c}{\partial B} = -\gamma B^{-2} < 0$,$\frac{\partial Q}{\partial B} = \frac{\partial Q}{\partial C_c} \cdot \frac{\partial C_c}{\partial B} > 0$。由此可以看出,品牌信用度越高,消费者的选择成本越低,进而产品需求量越大;反之,品牌信用度越低,消费者的选择成本越高,则产品需求量越小。因此,品牌信用度是决定产品需求量的根本因素。

1.3.2.4 品类度和品牌策略

品牌品类度(brand category degree)是指消费者在心理上,将某个现实品牌当作某个品类的心理认知程度。品牌策略(brand strategy)是指企业在品牌建设过程中所采取的各项对策。品牌品类度表达了品牌对目标顾客程度利益点或品类的精确度,而品牌策略则表达了品牌是如何精确地做到或履行品类承诺的。

1.4 本章小结

本章提出了全书研究的核心问题，即循环经济持续稳定发展的内在机制是什么？如何使技术上已获得成功的循环模式得到市场的认可？围绕该问题，本章介绍了研究的意义、方法、思路和框架，指出了全书的创新点和不足。同时，对本书研究的基本假设和基本概念做了详细介绍。

第 2 章 文献综述

2.1 循环经济理论的相关评述

1966 年,K. 鲍尔丁提出的"宇宙飞船理论"被认为是循环经济理论的早期代表。Frosch Robert 和 Gallopoulos Nicolas(1989)提出工业生产中没有绝对的废物,工业生产和环境保护通过适当处理完全可以实现两者的统一。David Pearce 和 Kelly Turner(1990)在《自然资源与环境经济学》一书中最早提出"循环经济"一词,并将其分为自然循环与工业循环两个部分。而循环经济的说法主要流行于德国和日本,在英美主要体现在产业生态学(industrial ecology, IE,也有译为工业生态学)和清洁生产(cleaner production, CP)的文献论述中(肖忠海,2009)。现有学术界对循环经济的研究文献众多,根据各个学者研究的侧重点来区分,大致可以概括为以下六个派别。

2.1.1 生态学派理论及其评述

该学派的主要观点是循环经济本质上是一种生态保护型经济,它要求运用生态学规律而不是机械论规律来指导人类社会的经济活动。按照自然生态系统物质循环和能量流动规律重构经济系统,使经济系统和谐地纳入自然生态系统的物质循环过程中,建立起一种新形态的经济(曲格平,2001)。冯之俊(2004)认为,循环经济是按照自然生态物质循环方式运行的经济模式。李康(2007)提出,循环经济是依据系统功能、结构相似性理论和生态学原理,仿照自然生态系统的"生产者—消费者—分解者(还原者)"三元组织结构，通过相关要素之间互动整合、反馈循环、抗逆、互利共生和信息资源共享机制的共同作用，建立组织结构协同基础上的物质循环与能量梯级利用，是集约经济的高级形态和理想模式。俞金香（2003）认为，循环经济的本质是以生态效率为核心，按生态学规律把经济活动组织成一个"资源—产品—再生资源"的物质反复循环流动的过程，从根本上消除或减少污染，最合理解决发展与环境的矛盾。具有类似观点还有苏亚民、胡晓东（2005）、谢园园等（2012）、陈海涛等（2016）、肖序、陈翔（2017）。

此外，关于生态文明建设与经济发展之间的关系与重要性，国内外学者也从不同方面进行了研究，主要研究内容和成果梳理如下：

从国外学者的研究来看，描述环境质量与经济发展之间关系的代表性观点是环境库兹涅茨曲线（the environmental kuznets curve，EKC），由 Panayotou 等人 1993 年首次提出，其主要观点是，当一国经济发展水平较低时环境污染较轻，但其恶化程度随经济增长而加剧，当该国经济发展达到一定水平后，环境质量会逐渐改善。EKC 研究自创立以来受到学者们的广泛关注，成为环境经济学领域中的前沿问题。目前来看，影响力较大的 EKC 形成理论有六个，分别从技术（Stokey，1998）、经济结构（Grossman，1995）、自然资源成本（Thampapllai，2004）、国际贸易（López，1994）、收入环境需求弹性（Panayotou，2003），以及国家政策（Torras，1998）方面来论证 EKC 现象。将生态与经济模型结合的研究是当前发展迅速的一门学科（Drechsler et al.，2007）。关于两个学科之间的交叉问题已经有较多研究（Bockstael et al.，1995，Drechsler and Watzold，2007），主要包括研究的范围问题，生态和经济之间的联系以及关于两个学科研究内的假设条件。近些年来，关于生态经济的模型研究也逐渐增多，如 Bulte 和 van Kooten（1999）、Drechsler 等（2007）、Armstrong（2007）等。

国内研究学者也对该问题进行了多方面的分析，生态文明不仅追求经济、社会的进步，而且追求生态进步，它是一种人类与自然协同进化，经济、社会与生物圈协同进化的文明。生态文明是人类摆脱生态危机的总对策（刘湘溶，1999）。从世界城市发展的潮流来看，生态文明城市是未来城市发展的合理模式。建设结构合理、功能高效、关系协调的生态文明城市是国际城市发展的目标和潮流（郭先登，2008）。覃玲玲（2011）指出生态文明城市建设指标体系可从生态经济文明、生态社会文明、生态环境文明、生态文化文明、生态制度文明五个层面来进行。赵西三（2010）指出在生态文明视角下，我国产业结构的调整面临着加速工业化和保护生态环境的两难选择，需要从发展阶段、要素禀赋、产业基础等维度对区域产业结构进行全面考察。盖凯程（2008）指出，基于经验判断和实践判定，如果污染物排放随经济增长的增长称为规模效应，那么传统的环境与经济之间矛盾的基本逻辑就基于此。许多学者针对我国的具体情况，对 EKC 曲线进行了验证：赵细康等（2005）通过数据检验得出，中国污染物排放与人均 GDP 的关系或许正处于 EKC 的上升段，离转折点尚有一段距离，中国仍然受到整体环境不断恶化的压力。许广月等（2010）选用 1990~2007 年中国省域面板数据，研究了中国碳排放环境库兹涅茨曲线的存在性，并对中国及其东部和中部地区各省域达到人均碳排放拐点的时间进行了情景分析。

从该观点来看，我国目前循环经济存在的主要问题是：第一，循环经济是对近现代人类社会长期、大规模、高强度、未善待大自然的开发活动导致自然资源和生态环境逼近其耐受极限而进行反思的产物。第二，传统经济是一种由"自然资源→产品和用品→废物排放"的线性流程组成的物质单向流动经济，有悖于自然生态系统模式，造成了资源的浪费和环境污染。

主要解决方法包括：第一，转变人们错误使用资源的观念。推动循环经济发展的一个重要方面就是协调人与自然的关系，实现"人类中心主义"向"生命中心主义""生态中心主义"的转变。科学发展观强调"生态价值"的全面回归，主张在生产领域和消费领域向生态化转向，承认"生态位"的存在和尊重自然权利（冯之浚，2008）。资源的使用必须遵循守恒的量变演化规律，循环经济系统中组合要素的集合关系必须通过协同而趋于平衡。第二，实现"资源—产品—再生资源—再生产品"的物质反复循环流动过程，所有的原料和能源要能在这个不断进行的经济循环中得到最合理的利用，从而使经济活动对自然环境的影响控制在尽可能低的程度。第三，注重自然生态组织系统所共有的系统要素相互响应、彼此作用的内在机制和物质循环、能量转换的运行模式。李康（2007）指出了当运用生态学的基本原理规划设计生态工业流程和生态工业园区时，应注意明确相关工艺流程、产业内部和各种产业之间存在的多种互利共生关系。第四，运用资源经济学、环境经济学和产业经济学的有关理论和方法，进行生态流程链或生态产业链与价值链一致性的估算，以便预知生态工业的共生效益，以利于推进循环经济的发展（杨承训、承谕，2017）。

简评：生态学派提出以环境友好的方式利用自然资源和环境容量，实现经济活动的生态化转向，同时着重强调了实行循环经济的必要性及物质基础。让经济发展模式按照自然生态物质循环方式来运行固然好，这也是实现可持续发展的重要手段，但对于微观的企业主体该如何实现循环经济并没有给出具体的策略。

2.1.2 市场经济学派理论及其评述

该观点认为循环经济作为一种新型的经济形态和先进的经济发展模式，其运行必然受到市场机制的调节，并符合市场经济运行规律。循环经济的理论前提是自然资源正在成为制约人类发展的主要因素，它考虑的是如何在既定资源存量下提高资源的利用效率和经济发展的质量问题（李云燕，2006）。从运行机制上讲，循环经济与市场经济具有一致性，运用市场机制发展循环经济比使用强制手段有更高的效率和更少的管理成本。段学慧（2012）认为循环经济作为生产方式和生活方式的变革，实质上是利益关系的变革，因此，循环经济驱动机制的研究应以马克思主义利益理论为根本指导。Sylvia 和 Joachim（2014）强调循环经济在满足人们需求和尊重环境的条件下，仍然引导强大的可持续消费，建议通过网络和宣传达到消费者认知的目的，从而形成强大的可持续消费。曹琳（2012）将品牌延伸的思想运用到地理标志产品的可持续发展中，指出了情感因素在品牌延伸中的作用，通过地理标志的品牌延伸策略，可以拓展地理标志产品的盈利空间，这一新的盈利模式能使其摆脱产量限制，使利润增长。具有类似观点还有 Oldham 和 Votta（2003）、苏杨（2004）、张小兰（2005）、张思峰（2004）、陈祖海（2004）、周华（2004）、郑季良等

(2016)。

从该观点来看,我国目前循环经济存在的主要问题有:循环型生产环节有两个效益来源,一是废弃物转化为商品后产生的经济效益,二是节约的废弃和排污成本。目前推进循环经济的主要障碍有:第一,价格障碍。循环经济生产方式中意图实现减量和循环的环节多数不是现行市场条件下的必然选择,可再生资源的再生利用过程一般都存在着可替代的生产过程,现行市场条件下源自再利用和再生利用的原料常常不仅性能上不占优势,而且价格上也不占优势,导致在现行市场条件下循环经济生产方式很难自发产生。第二,成本障碍。目前我国企业和大众消费者支付的废弃和排污费不仅远低于污染损害补偿费用,甚至也明显低于污染治理费用,这使循环生产环节的成本很难收回。第三,利润障碍。吴广谋(2007)则认为,当不确定性因子或弹性因子变大时,循环经济的总利润呈下降趋势,且每个参与其中的企业利润也会相应变小,因此,市场需求环境的稳定与否对资源再利用的成败起着关键性作用。第四,"市场失灵"。在传统市场经济条件下,因为许多环境资源没有被市场所涵盖,存在环境外部负效应问题,这些资源没有所有权,也没有价格,市场对于这些资源的配置缺乏效率。

主要解决办法包括:第一,建立新的盈利模式。苏杨(2004)提出要使企业自觉"循环起来",必须通过以制定政策为主的制度创新构建资源再利用和再生的生产环节的盈利模式,使市场条件下循环型生产环节有利可图,这样就可以形成促进循环经济发展的自发机制,达到事半功倍的效果。第二,借着政府以解决"市场失灵"的问题。具体表现为制定相关的产业政策、财税政策、投资政策,引导循环经济的发展;制定和实施循环经济推进计划;加快循环经济技术开发研究;建立循环经济评价指标体系和核算制度等。

简评:基于市场角度的研究强调了循环经济收益与成本的问题,考虑了追求资源的高效利用和优化配置问题,然而对于"构建新的盈利模式"这一策略,目前也并没有提出一个切实可行的模式,同时,一个循环系统如何在市场经济中发挥自身的优势,进而持续稳定的发展问题并没有得到解决。

2.1.3　技术创新派理论及其评述

该观点强调技术创新在循环经济发展过程中的重要作用，认为循环经济的本质是技术范式的革命。该观点认为中国环境与发展国际合作委员会（CCICED，2003）明确提出循环经济的技术范式是"3R"（Reduce, Reuse, Recycle）。齐建国（2013）认为循环经济的技术体系以提高资源利用效率为基础，作为科学技术发展方向的高技术发展，关注经济增长和以资源的再生、循环利用和无害化处理为手段，以保护生态环境为目标，推进经济社会可持续发展。这实质上是一种技术范式革命。程启智（2007）指出技术进步是推动循环经济由低级向高级发展的根本动力。没有技术上的可行性，循环经济就没有经济上的可行性，技术创新是循环经济发展的重要支撑（刘奇中，2013）。张华（2007）等在微观层面从企业的技术创新、管理创新、动力机制等角度对循环经济提出新见解。袁丽静（2012，2013）认为资本、劳动、技术和制度是推动经济发展的基本要素，技术创新则是循环型社会实现的主要手段。周瑜（2012）分析了资源型城市循环经济创新的内生与外源动力因素及其动力子要素，阐释了推动资源型城市循环经济创新的根本驱动力。持有上述观点的还包括赵凯和陈甬军（2006）、诸大建（2000，2005）、曲格平（2002）、解振华（2003）、冯之浚（2003）、李兆前和齐建国（2013）、段宁（2005）、赵清俊等（2012）。

从该观点来看，我国目前生态环境保护和循环经济发展存在比较大的困难，主要原因是当前技术的成本过高，而收益较低。主要解决办法包括两个方面：第一，循环经济的企业技术创新。主要包括循环型产品创新，循环型过程创新。第二，循环经济的国家技术创新。包括重点专项技术，如节能技术、污染治理和环境保护技术、废物资源化技术等，以及完善的技术体系，如资源综合利用技术、企业的清洁生产技术、生态园区的综合利用技术、区域循环的信息技术等。

简评：基于技术创新的研究，论证了技术创新在循环经济中发挥的重要作用。技术进步是社会发展前进的驱动力，然而在循环经济体系构建过程中，许多在技术上已获得成功的项目,在实践中仍然无法推行、面临失败。实践证明,相关项目或产品在技术上的成功,只是发展循环经济的必要条件,而不是充分条件。

2.1.4 产业链学派理论及其评述

该观点认为产业生态链是循环经济的必要条件,循环经济产业链着重强调产业链上各节点企业之间的依存关系。这是一个庞大、复杂的系统,其子系统之间能否耦合并实现动态平衡,是实施循环经济并取得最佳综合经济效益的关键,链条上某一节点的断裂可能引发整个产业链的崩溃(刘志坚,2007)。黄建军等(2005)分析了产业链构成的可能性,进而探讨其实现形式和发展途径;孙大鹏、苏敬勤(2004)分析了生态工业园的价值链及管理;杨雪锋(2006)则基于价值链分析了循环经济产业链的稳定性问题等。另外,还有一部分学者基于物流价值的概念,探讨了逆向物流对我国循环经济构建循环经济的影响,如杨忠直和孙皓明(2011)分析了循环经济系统物质流动价值增值过程,定义了循环物流价值增值倍数,发现循环经济系统的物流价值增值倍数是循环经济的核心所在。葛扬(2004)等分析了循环经济价值链的形成基础、形成机制和废旧物品回收再利用的价值模型,以及循环经济价值链与社会价值和生态价值的整合。刘沓等(2012)指出体现新的经济运行与发展模式的循环经济系统,具有应对内外部非均衡因素非线性作用的自组织能力,与其相互依存的价值链则构成了资源循环流动、反复利用的闭环反馈链。Berman(1999)指出绿色供应链模式应引入循环经济特性,考核的主要指标包括核心回报率、资源回收率、废物比等。具有类似观点的还有 Graedel 等(2003)、曹凤中(2004)、包菊芳(2007)、曹望(2008)、李文丽(2007)、唐晓华和王广凤等(2007)、赵春雨(2009)、王建明(2009)、马海萍等(2011)、李睿等(2012)、郑季良和张亚(2017)、罗福周等(2017)等。

从该观点来看,我国目前循环经济存在的主要问题是:第一,循环经济链条比较脆弱。循环经济产业之间之所以能形成链条,是因为存在合作的利益空间,这种利益空间就是循环经济产业链的价值基础。而产业链上的每个企业都是追求利润最大化的独立个体，当资源残留的价值低于其再利用的成本时，企业就会放弃对残留资源的再利用，从而使循环产业链比较脆弱。第二，产品物流循环网络难以实现最优规划。社会循环经济系统的物流循环网络系统复杂而庞大，市场机制的自动调节难以使其实现最优化，而且运行也不易管理。

解决办法：第一，注重产业链的耦合机制，其中价值的发现和价值的增加则是产业链耦合的关键。刘志坚（2007）认为可以通过资源深度利用驱动、生态驱动和利益驱动来实现产业链的耦合。第二，政府在循环经济中的责任是促进逆向物流市场建设。政府在建设循环经济逆向物流市场中不仅要创造地理空间和交通运输条件，重要的是制订政策扶持或支持企业在延伸社会责任过程中获得价值增值空间（庞建刚、张华鑫，2016）。这方面的研究从宏观的角度分析了循环经济的重要性以及循环系统的运行规律和特征，但对微观企业在实际运行过程中存在的种种问题没有给出指导性建议。

简评：基于产业链的研究，分析了循环经济产业链上各节点企业之间的依存关系，阐明了一个循环系统要想持久稳定运行下去，需要利益驱动或政府引导来保证企业间的耦合与衔接。然而，我国提倡大力发展循环经济多年，实践证明各种驱动机制并不容易自发地或在政府的引导下简单形成，否则发展循环经济早已收到良好的效果。

2.1.5 金融支持派理论及其评述

持有该观点的学者强调金融支持对循环经济的重要作用，认为我国迫切需要形成支持循环经济快速发展的现代金融体系，为循环经济发展提供持续的资金动力和更有针对性、更具灵活性和更富层次性的融资安排（张漫雪，2011）。张强军等（2012）从政府和市场两个角度分析了循环经济发展中融资约束的原因，并针对性地提出了完善融资体系的办法。李勇等（2012）以泸州市为例，分析了其产业结构布局不合理，金融资源投向不均衡以及长江水资源污染严重的现状，明确了金融资源在支持绿色经济发展中的必要性和紧迫性，并针对金融在支持长江上游绿色经济中存在的多种缺失，提出了以金融支持绿色循环经济的思考和建议。Mateo Cordier，José A. Pérez Agúndez 等

(2014)认为货币估值技术（monetary valuation techniques）有助于测量经济活动对生态服务系统的影响。该方面的理论认为金融支持在绿色循环产业中的缺失主要体现在：一是政策缺失，且操作性不强；二是金融机构经营中社会责任意识淡薄，过度追求利润；三是金融服务体系单一，制度不完善；四是金融服务意识缺失，配套服务绿色项目的设施不足；五是创新的绿色金融产品缺失，金融产品同质化倾向严重；六是金融激励机制和配套扶持政策缺失。持有该观点的学者包括王卉彤和陈保启（2006）、熊春红（2011）、李虹和艾熙（2011）等。

我国金融支持循环经济存在的问题主要包括：第一，制度障碍。由于循环经济项目收益与风险的不对称性及不确定性，资金趋利避险的本性等多方面原因，各类资金难以快速有效地支持循环经济发展。第二，投资不足。目前，世界上一些发达国家污染治理投资占GDP的比例已达2%以上，而我国尽管近些年投资总量不断攀升，但占GDP的比重仍然较低。第三，缺乏创新。目前金融机构信贷资金供应模式中，缺乏产品的细分类，缺乏适合循环经济风险特点的产品规划，容易导致各环节挪用和资金动向不明等管理风险。针对以上问题的解决办法主要包括完善金融制度建设，加强金融支持力度，创新金融产品等。

简评：循环经济的发展过程中，技术创新和产品结构调整等需要大量资金的支持，因此金融对循环经济的支持也非常重要。然而金融创新只是技术进步和产品结构调整等的保障，并不能保证循环经济能稳定实现。

2.1.6 政府干预派理论及其评述

该观点认为政府的职能是稳定整个经济以及对经济资源进行再配置，在经济发展模式由传统经济向循环经济变革的进程中，政府应当成为促进循环经济发展的责任主体，如罗杰·皮特门（1999）、马中（2006）等。生态环境与自然资源具有典型的公共物品属性，公共物品生产的非竞争性与消费的非排他性，决定了政府是环境保护这一公共物品的提供者（郭蕾，2007）。肖明辉等（2012）探讨了我国循环经济宏观调控政策功能的有限性、强化性、弥补性、调节性与控制性特点，研究我国现阶段亟待完善的循环经济宏观调控政策并提出具体建议。张荣现等（2012）指出我国的农业循环经济起步较晚，发展模式不尽完善，相应的法律制度保障也相对滞后，已经影响到我国农业循环经济的全面发展。Jakub Kronenberg 和 Tomasz Bergier（2012）通过对波兰11个正反面案例进行研究，为其他国家政府在制定政策等方面提出了相关建议。另外，Andrew John Brennan（2008），Lawn（2006），Islam（2005）等从可持续发展带来的福利经济学效用进行了研究。

从该观点来看，我国目前循环经济存在的主要问题是：由于循环经济要求以社会效益最大化为目标，而不是利润最大化为目标，市场机制自身无法解决该问题，因此政府的引导作用起着非常重要的作用（来有为，2007）。

解决办法概括起来主要有以下三个方面：第一，制定法制性政策。加快立法引导循环经济及生态工业规范化实施是广大学者的共同观念。与此相关的文献论述众多，如冯之俊（2004）认为促进循环经济不单要有政策扶持，更应该要加快法制建设的步伐，为此他提出了发展循环经济的七点建议。赵绘宇（2006）从法学角度分析综合环境治理首先针对污染源制定标准，呼吁环境公益诉讼和无过错责任的实施。向宏桥（2007）提出设计产权制度体系是促进各类主体实现由传统经济生产方式向循环经济生产方式转变，也是构建循环经济发展的核心动力机制的关键。俞金香（2004）认为循环经济法体制的落实实施需要相关法律制度的保障，应进一步颁布《废弃物处理法》《再生资源利用促进法》《容器包装再利用法》《家电再利用法》《建筑材料回收法》《食品回收法》和《绿色消费法》等多项法律，构成建立循环社会的法律框架。付晓松（2012）指出我国循环经济立法的不足之处包括：立法空白多；核心制度缺乏；资源化原则和再利用原则贯彻不够；立法思想未树立"全程治理"理念；公众参与明显不足；市场激励机制不完备，尤其中介组织的作用没有得到彰显等。

第二，制定市场性政策。我国政府应在法规框架下，运用价格、税收、被贴、押金、补偿费等相关经济手段，借助市场机制改变生产者和消费者原有的经济刺激模式，使其自觉推动循环经济发展，达到社会、经济环境效益的共赢，如郭蕾（2007），刘再杰和李艳（2011）。主要方式包括制定循环经济标准规范、加强环境执法、严格环境准入；推广运用环境友好技术，严格控制污染物排放总量；建立循环经济理论和技术支撑体系，逐步建立以企业为主、政府支持的循环经济技术创新体系；提高我国循环经济技术支撑和创新能力，形成推进循环经济发展良好的社会氛围。

第三，做好规划制度和示范性工作。刘祥国（2011）指出循环经济具有很强的战略性和宏观性、长期性和复杂性，决定了其实施和构建需要强有力的规划措施加以保障。循环经济规划内容一般需要包括指导思想、发展目标、战略重点、保障措施、主要任务、发展水平等。解振华（2005）认为我国发展循环经济的制度安排既要加快立法引导循环经济及生态工业规范化实施，又要深化循环经济试点、加强对国家生态工业示范园区和循环经济示范区创建的指导和监督管理。

简评：由于我国在资源的产权明晰上存在问题，从而导致"市场失灵"的现象时有发生，此时政府干预可以在一定程度上发挥作用。但是通过政府干预来弥补"市场失灵"仍然可能存在难以解决的问题，实际上，政府干预往往不能纠正"市场失灵"，反而会把市场进一步扭曲，又可能引发"政府失灵"的现象。

2.1.7　循环经济理论评述小结

前述内容对目前我国学术界对循环经济的研究成果进行了梳理和总结，各个派别的学者由于切入点和侧重点不同，导致研究方向和政策建议有较大差异。然而，以上的派别的划分并不是绝对的，有的学者可能从多个方面对循环经济的发展进行了论述，本书根据其具有倾向性的观点来划分。从文献整理结果来看，目前我国学术界对循环经济的研究者众多，这与政府大力倡导及对循环经济给予的厚望相关，然而，关于循环经济的研究还没有形成有序的系统研究，研究方向分散、研究重点不明确。研究循环经济要明确的以下两个重要问题。

第一，明确市场和政府的角色定位和作用。本书认为循环经济的发展需要内部动力和外部推力的紧密合作，才能取得成功。而内部动力就是市场机制的作用，外部推理则是政府的协同作用。内因决定外因，因此本书认为在循环经济的发展过程中，市场起着至关重要的主导作用，政府的任务是提供良好的市场环境，主要理由有以下两点：其一，从理论上来看，运用市场机制发展循环经济具有更高的效率，且管理成本较低。在自然资源成为稀缺资源的条件下，市场经济的价格机制能最大效率地迫使参与竞争的各方设法提高对自然资源的利用效率，而此时需要的监督管理成本也较低。其二，从实践来看，目前循环经济发展较为成功的国家，发展以市场为主导的循环经济模式取得较大成功，如德国的绿点计划等。因此，循环经济的主要研究内容应该是，如何充分利用市场机制来实现循环经济的持续发展。

第二，明确技术和市场的关系问题。技术创新是循环经济发展的必要条件，而不是充分条件。只有技术与市场的组合合理时，循环经济才能顺利发展。由图2-1可以看出，技术和市场的组合可分为四种。

		市场	
		有	无
技术	不能	Ⅰ	Ⅱ
	能	Ⅲ	Ⅳ

图2-1 技术与市场的组合

资料来源：作者绘制。

(1) Ⅰ型"有市场而没有技术"。技术创新是循环经济发展的必要条件，必要条件没有实现，想要发展循环经济只能是纸上谈兵。对于这种情况而言，发展和突破技术"瓶颈"是关键，因而不是经济学研究的范畴。

(2) Ⅱ型"没有市场也没有技术"，自然没有发展的必要。例如，核废料的处理目前仍然是一个难题，一方面在技术上现在对放射性物质的处理还没有突破，另一方面其市场需求也较小。因此，目前世界上公认的最安全可行的方法就是深地质处置方法，就是将高放废料保存在地下深处的特殊仓库中永久保存。

(3) Ⅲ型"有技术也有市场"。例如，日本对地沟油的循环利用属于该类型。通过政府、企业及各个家庭消费者的共同努力，日本人让几乎所有废弃食用油都能做到既环保又资源化的回收处理。日本对地沟油的回收有一套完整的回收系统，然后处理企业会对被回收的废弃食用油进行精炼和加工，然后根据各种用途，循环再生为各种产品。以 2008 年日本的餐饮业、食品加工企业的废食用油利用状况为例，共 30 万~35 万吨废食用油中，约有 20 万吨被加工成饲料；4 万吨被作为肥皂、涂料、油漆等工业用原料；2 万吨被用于制造生物燃料；有 4 万~9 万吨未加工利用被直接焚烧、填埋。另外，旧书、旧报纸、旧家电等废品的回收属于该类型。废品回收几乎没有技术水平要求，且收废品人员有利可图，因此该类型循环链发展非常稳定且持久。

（4）Ⅳ型"有技术但没有市场"，即产品或项目在技术上完全获得成功，然而却无法顺利销售，因而不能进入下一个循环环节中去。这种现象大量存在于工业经济和公共环境的治理当中，是目前我国循环经济发展中遇到的最严峻、最现实的问题。如山东省泉林嘉有肥料有限公司拥有国际领先有机肥制造技术，然而其优质有机肥的销售量却受到市场的限制，得不到快速的提高。造成这一现象的重要原因是实现循环经济的成本较高，导致其产品在市场中与同类产品竞争时处于不利地位。因此，如何帮助企业打开市场，是循环经济所要研究的重要内容。

综上所述，未来对于循环经济的研究要着眼于市场机制的条件下，如何让技术上已获得成功的循环模式在市场中顺利实现运转。循环经济是经济发展观念和模式的创新，它要求必须转变传统的生产、消费观念和生活方式，用科学的发展观来规范和提升人类的行为，以人与自然和谐的方式发展经济，以可持续发展的观点合理利用与配置资源。循环经济是一种既利于资源有效利用，又利于生态环境保护，是一种资源环境合理性与经济社会效率性相统一的经济形式。因此，循环经济是实现可持续发展的重要途径，是市场经济的理想经济运行方式。如果在研究领域，上述问题能够合理有效解决，那么我国的循环经济未来发展的步伐将迈得更快。

通过梳理我们发现，现有文献强调了发展循环经济的重要性，并指出了我国循环经济发展过程中存在的问题，分别从生态学、市场经济学、技术创新、产业链、金融支持以及政府干预等六个方面提出了相应的解决方案。然而，这些解决方案基本都从宏观角度出发来提出的，对微观企业的研究则侧重于技术创新。对于如何让技术上已获得成功的循环模式能在市场中顺利实现运转的问题现有研究没有给出解决途径。

从技术和工艺上实现了物质循环只是循环经济发展第一步，如何以高于同类产品的价格将产品销售出去，实现从企业生产到市场交换的价值循环，则是决定该循环体系能否持续下去的经济因素。因此，企业的任务是如何获得循环经济所生产出的产品定价权，也即如何在高于市场均衡价格的条件下提高产品销售量。本书从品牌经济学的角度，将品牌授权思想引入循环经济的发展中，对企业解决"循环而不经济"的问题提出了新颖的解决模式。为此，2.2 节对品牌授权相关文献进行梳理。

2.2 品牌理论的相关评述

本书试图将品牌经济学的思想和经营模式引入循环经济的发展过程中，因此，需要对品牌经济学的相关理论进行评述，主要包括品牌授权和品牌延伸方面的研究情况。

2.2.1 品牌授权理论及其评述

品牌授权（brand license）是指品牌的法律载体也即商标拥有者，允许被授权者使用品牌的法律载体即商标，在一定的时间和地理范围内，生产销售某类产品或提供某种服务，并向商标拥有者支付授权费用的经营方式。如今品牌授权被越来越多的企业家所重视，品牌授权被认为是经济增长的一种重要工具（Quelch, 1985），同时也被众多学者称为 21 世纪最有前途的经营模式（宗明，2008；王上衡，2005）。

（1）品牌授权与品牌延伸的区别。

品牌授权属于品牌延伸的一种特殊形式，由于品牌延伸的风险性较大，在现实中既有成功的典范，也有很多失败的例子，因此使其成为学术领域中争议性比较大的问题。品牌延伸的关键要素和问题也是品牌授权的重要依据，为此，本书对品牌授权方面的文献进行归纳梳理。

品牌延伸的概念由 Tauber（1979）首次提出，之后受到众多学者的关注和研究①。对于品牌延伸（brand extension）的概念，目前还没有统一的标准。科特勒认为，品牌延伸就是把一个现有的品牌名称使用到一个新类别的产品上。Aaker 和 Keller（1990）也指出品牌延伸就是新的产品品类沿用原品牌名称。国内学者卢泰宏（1996，1997，2009）将品牌延伸定义为，企业借助原有已建立的品牌地位，将原有品牌转移使用于新进入市场的其他产品或服务（包括同类的和异类的），以及运用于新的细分市场之中，力求以更少的营销成本占领更大的市场份额。符国群（1995，2003）提出，品牌延伸就是将著名品牌或者已成名的品牌使用到与现有产品或原产品不同的产品上，是企业在推出新产品过程中常采用的策略，也是品牌资产利用的重要方式。总之，狭义的品牌延伸是指，企业使用某品牌向市场推出与原产品类别不同的新产品；广义的品牌延伸还包括用已有品牌生产同类别，但包装、口味和成分不同的产品（Reddy，Holak and Bhat，1994）。

品类和产品是两个不同的概念。所谓品类，是指目标顾客购买某种商品的单义利益点（single benefits point，SBP），每个单义利益点又由物质利益和情感利益构成（孙日瑶、刘华军，2005）；所谓产品是指具有某种使用价值的商品。对于同一产品，厂商和顾客认知的品类度可能是不同的，例如，"波司登"羽绒服承诺给消费者的品类为精致、轻、薄、美，但消费者认为"波司登"羽绒服最大的优点就是保暖、质量好，也即在消费者看来，波司登的品类为质量好。根据企业在进行产品推广时所使用的品牌名称和产品品类的不同，可分为以下四种情况（见图2-2）。

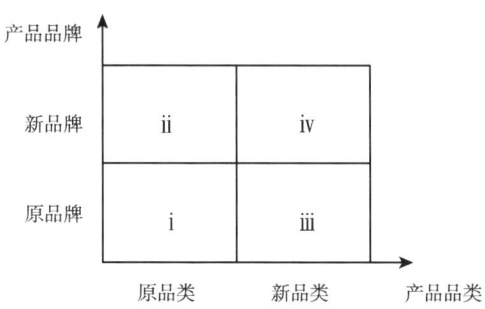

图2-2 企业产品推广策略示意图

资料来源：作者绘制。

---

① 根据拉夫莱特的统计数据显示，西方有关品牌的学术文献中有一半以上涉及品牌延伸问题。

ⅰ区域为原品牌—原品类组合，表示企业采用原品牌对原品类产品进行推广，主要体现为规模化生产、连锁效应，如肯德基的连锁店。连锁经营是通过对若干零售企业实行集中采购、分散销售、规范化经营，从而实现规模经济效益的一种现代流通方式。连锁经营的主要特点是由若干企业或网点构成，具有统一的经营和管理制度。

ⅱ区域为新品牌—原品类组合，表示企业在原品类产品上使用新品牌，采取该营销措施的原因可能包括两种：一是原品牌信用度降低，被企业所摒弃；二是企业为改进产品定位而对品牌进行的调整。对产品品牌或者品牌标识进行修改，具有较大的风险。如果没有正确的品牌策略，可能导致品牌信用度的降低，例如，运动品牌"李宁"的换标行为就是一个失败的例子。

ⅲ区域为原品牌—新品类组合，表示企业将原品牌运用到新品类产品中。该模式的主要品牌策略包括品牌延伸和品牌授权，这两种策略具有一定的相似性，但同时也有一定的区别：品牌延伸侧重于研究企业如何利用已有品牌，对新产品进行推广和营销；品牌授权侧重于研究企业将自身品牌租借给其他企业，通过收取品牌授权费以及其他企业的营销策略，使自身得到更好发展的一种方式。

从图2-3可以看出，品牌延伸和品牌授权的相同点是，将现有品牌运用到其他品类产品上的一种营销策略。两者的不同点是，品牌延伸是对企业内部行为的研究；而品牌授权涉及与其他企业的合作问题，因此不仅要对品牌延伸行为本身是否能取得成功进行研究，而且需要对企业合作过程的行为进行约束监督。

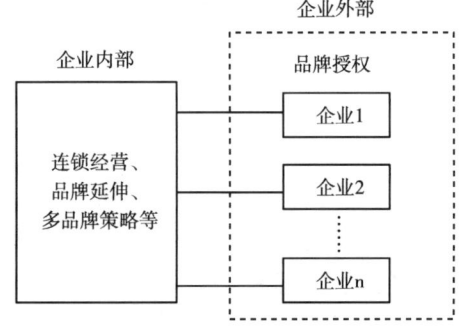

图2-3　品牌延伸与品牌授权的界定

资料来源：作者绘制。

ⅳ区域新品牌—新品类组合，表示企业对产品的新品类采用新品牌，主要品牌策略体现为多品牌策略。例如，宝洁公司针对洗发水产品，在不同品类的产品上使用不同的品牌：去头屑品类采用海飞丝品牌，柔顺品类采用飘柔，秀发损伤修护品类采用潘婷。

（2）品牌授权文献综述。

Quelch（1985）指出品牌授权的潜在好处包括：①快速进入相关市场；②获得公司范围以外的专业知识；③改变其他公司的竞争优势；④增加品牌知名度。但是品牌延伸可能会稀释品牌名称，延伸方向不一致可能会使消费者对母品牌的认识产生负面影响（Curhan-Canli and Maheswaran，1998）。厂商在决定品牌延伸时，会对品牌授权和内部发展分别所需要的财政和管理资源进行比较，同时也会考虑如果品牌延伸失败，对已有产品可能会产生什么负面影响（Loken and Roedder-John，1993；Roedder-John，Loken，and Joiner，1998）

选择品牌授权还是内部发展，本质上是组织边界的问题，传统分析采用的是交易成本经济学理论（Geyskens, Steenkamp, and Kumar，2006）。交易成本经济学以Williamson（1985）为代表，认为特定投资是机会成本的重要来源。当进行品牌授权时，授权方面临着所有权让渡风险（如经营诀窍、形象等）。

对于品牌授权的作用机制，国内研究文献较少，主要集中于营销学角度的研究。曾朝晖（2007）指出品牌授权的有五种方式，即商品授权、商标授权、项目授权、专卖授权和专利授权，认为品牌授权可使品牌授权商、被授权方、消费者和市场四方共赢。同时他也指出了品牌授权存在的五大风险。宗明（2008）通过传统产业和品牌授权的比较指出品牌授权的8大好处。杨大筠（2006）告诫品牌授权方，如果品牌授权是在消费者对品牌的核心价值认知度不是特别高的情况下进行的，可能会使这个品牌的价值打折，并且使客户对品牌认知度直线下降，再加上后期管理等一系列问题，可能会使这个品牌的影响力受到很大伤害。史征（2008）、张洁（2009）等就我国动漫产业链的完善提出了相应的意见。

通过对现有文献的分析，发现主要特点是：现有文献对品牌授权的研究主要从管理学和营销学的角度进行研究，也即回答如何进行品牌授权，但没有回答品牌授权所需要的条件。换言之，品牌授权在事实上存在成功与失败的例子，而现有理论将其归因于为授权方的让渡风险和某些意想不到的竞争威胁（Teece，1982）。本书将在品牌经济学的框架下，将详细探讨影响授权方成功与否的因素和作用机理。品牌授权得以成功的条件，是品牌建设和品牌授权申请者都需要掌握的，这也是本书的研究核心所在。

2.2.2 品牌延伸理论及其评述

从以上分析可以看出，品牌授权与品牌延伸均表示将原品牌应用到新品类上，这种转移使用是否能成功是影响两种品牌策略的关键因素。在这一点上，品牌授权和品牌延伸具有较大的相似性，为此本书对品牌延伸的相关文献进行简要梳理。

2.2.2.1 影响品牌延伸的要素研究

Tauber（1988）在对实践中的 276 个品牌延伸案例进行研究后，提出预测品牌延伸成功的关键要素是：消费者是否认为新产品与原品牌存在着一致性。Daniel，Smith 和 Park（1992）认为影响品牌延伸市场效果的三个要素是核心品牌的特性、延伸产品的特性以及延伸产品的市场特性等。此外，相关方面的研究还包括 Aaker 和 Herry，Boush，Bridges 等学者。国内学者于春玲、李飞和薛镭等（2012）的研究发现，品牌延伸成功影响因素包括母品牌特征、延伸产品与母品牌关系、延伸产品营销环境、延伸产品特征共 4 个层面的 10 个因素；各影响因素的重要性不同，同时也不是孤立的，它们之间存在着相互影响关系。

综合众多学者的观点，原产品和延伸产品间的契合度、品牌联想和产品涉入是影响品牌延伸效果的关键因素。

(1) 关于契合度的研究。

对于品牌延伸后影响消费者的认可程度的因素，大部分学者强调了母品牌和延伸产品之间的契合度问题（Keller，2003），也即侧重于研究产品品类的相似度问题（Aaker and Keller，1990；Ahluwalia，2008；Völcknera and Sattler，2007；Kyeongheui，Jongwon Park and Jungkeun Kim，2013）。Tauber（1988）指

出,契合度(fit)是指消费者接受一种新产品作为一个品牌期盼的和逻辑的延伸的程度。在其他文献中,契合度的概念更多的是以原品牌和延伸产品之间的相似性(similarity)来表达。Aaker 和 Keller(1990)指出,当契合度较高时,消费者对原品牌的信念比较容易转移到延伸后的产品中。对原品牌和延伸品牌的契合度的测量可以从互补性(complementarity)、替代性(substitutablity)和转移性(transferability)三个方面来进行。

Boush 和 Loken(1991)研究指出,如果品牌延伸为原品牌的知觉典型,则消费者对品牌衍射的评估速度较快,喜爱程度也较高。Smith 和 Park(1992)指出,契合度较高可以降低消费者的知觉风险[①],有助于消费者尝试延伸后的产品。Rao 和 Ruekert(1994)研究发现,对于契合度较低的情况,企业可借用与知名品牌的联盟来传达优良的品质讯号给消费者,以弥补其所欠缺的某种特殊属性。Barone(2000)认为,正面的消费者情绪能提高消费者的契合度感知。Nkwocha(2005)、Kalamas(2006)等通过对契合度和消费者目标的一致性研究指出,契合度是品牌延伸过程中的关键因素,同时,延伸产品在多大程度上满足消费者的目标需求,对品牌延伸评价的影响并不大。

(2)关于品牌联想的研究。

消费者对品牌信息和品牌形象的记忆是通过品牌联想(brand association)来实现的,强势品牌在消费者脑中会形成一个强烈的、唯一的并且令人愉悦的联想(Anderson,1983;John,Loken and Kim et al.,2006;Keller,1993)。在品牌延伸中,消费者会将对母品牌的相关联想转移到延伸产品上去(Aaker and Keller,1990;Boush and Loken,1991)。品牌联想能加强消费者对品牌的偏好,并使消费者在购买决策中更容易记起该品牌,最终被消费者所购买(Nedungadi,1990;Romaniuk,2003)。Roux(1995)通过对奢侈品品牌延伸研究发现,消费者更倾向于对延伸产品进行抽象意义的评价,对原产品的品质感知和广泛意义上的"品牌一致性"是预测延伸能否成功

---

① 知觉风险的概念最初是 Bauer(1960)从心理学中延伸出来,是指消费者在产品购买前可能无法预知购买是否正确,消费者的购买决策中隐含着某种不确定性,消费者能知觉到的这种不确定性或者不利且有害的结果,这就是知觉风险。

的重要因素。

(3) 关于产品涉入的研究。

产品涉入程度的概念由 Hupfer 和 Gardner（1970）从消费者行为理论和社会心理学中提出。Petty 和 Cacioppo（1983）指出，产品涉入对品牌延伸的影响较大，消费者购买不同种类的产品时，用于了解产品信息的时间是不一样的，因此信息涉入多少影响着品牌延伸行为的可行性。消费者在购买高涉入产品时，会广泛收集同类产品信息，通过信息对比得出购买决策；当购买低涉入产品时，消费者可能仅仅通过比较产品的包装、外形和颜色等信息就做出决策。

2.2.2.2 品牌延伸的价值评估研究

品牌延伸的价值评估是指消费者对延伸产品的评价过程。现有研究成果的典型代表主要是以下几个模型：

(1) 情感迁移模型（affect transfer model）。

该模型认为，消费者对延伸产品的初始态度来自对母品牌所具有的好感，是母品牌整体迁移的结果。而消费者感知到的母品牌和延伸产品之间的契合度是影响情感迁移的重要因素。情感迁移的路径包括两类：一是直接迁移，消费者通过条件反射机制来实现迁移，对品牌信息的思考和比较较少；二是间接迁移，消费者首先对母品牌和延伸品牌之间的契合度进行思考，并形成品牌认知图，并在该图式的引导下对延伸产品做出评价。

对于感情的直接迁移，Boush（1987）研究表明，刺激的泛化和同化能较好地解释该现象。他指出，消费者对母品牌的品牌态度可以成为一种条件反射，当母品牌出现在消费者面前时，就会引起他们的共鸣和情感体验。因此，当消费者看到延伸品牌时，该刺激出现，消费者会产生一种类似于母品牌的情感体验。

对于感情的间接迁移，延伸产品和母品牌之间的契合度是影响该现象的主要原因。Aaker 和 Keller（1990）提出用认知一致性理论来解释该现象，并用消费者对品牌整体质量的感知情况，作为测量品牌延伸效果的指标。研究结果表明，当母品牌与延伸产品的契合度较高时，消费者对延伸产品的评价和母品牌的总体质量呈正向关系。换言之，延伸产品与母品牌的知觉相似性越大，则消费者的情感转移越容易（见图 2-4）。

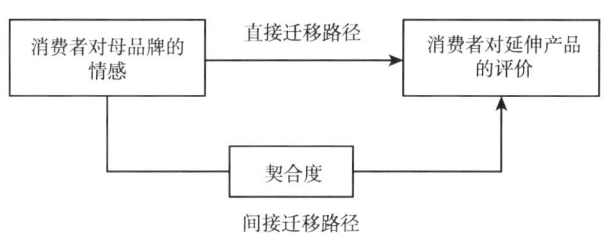

图 2-4 情感迁移路径示意图

资料来源：作者根据相关资料绘制。

（2）联想需求模型（attribute demand-association model）。

联想需求模型，又称为属性联想需求模型，由 Bhat 和 Reddy（1999）建立。该模型认为，消费者会先判断母品牌的特定品牌联想，是否能提供延伸产品所必需的一些特质，进而再对延伸产品做出评价。因此，品牌联想是影响该模型的重要因素。

情感迁移模型和联想需求模型，均从消费者心理角度描述了在品牌延伸中的作用。两者的不同之处在于，情感迁移模型认为在延伸评价中，从母品牌转移到延伸产品上的消费者对母品牌的正性态度；联想需求模型认为转移的是母品牌的特定联想。

（3）品牌延伸价值评估的其他相关内容。

Loken 和 John（1993）提出采用簿记模型和分类模型对品牌延伸价值评估进行预测。簿记模型（bookkeeping model）认为，当人们对某事物的认知出现和原先对该事物认知发生不一致时，会对原先的认知进行调整。分类模型（category-based model）认为，人们对事物的认知是通过分类来完成的，换言之，就是先把某事物归属于某个类别，然而根据已经掌握的这一类别事物的相关知识来判断。

关于契合度和品牌延伸评价时间的关系，学者也做了较多研究。Smith（1998）通过构建品牌延伸评价模型指出，当延伸产品与母品牌明显不匹配时，消费者会很快对延伸产品做出评价。Boush 和 Loken（1991）通过研究发现，延伸产品和母品牌之间的契合度，与延伸评价反应时间之间是倒"U"型的关系。换言之，若延伸产品和母品牌之间的契合度越低，则消费者的反应时间越短。

此外，Simonin 和 Ruth（1995）提出，弱势品牌可采取与知名品牌的组成联盟，以此提高消费者对其产品品质的评价。Kjell（2002）指出，消费者感知到的产品类别风险对延伸评价有较大的影响。Martínez，Montaner 和 Pina（2009）指出，母品牌不仅是一个孤立的标志，而是与消费者和产品紧密相连的一个概念。消费者会将其对于母品牌的态度存储于记忆中，消费者感知到的母品牌质量①越高，消费者对品牌延伸的评价越高，且只有当母品牌与延伸产品匹配时，这个影响才会显著。然而，也有学者提出，母品牌质量对于品牌延伸评价的影响会独立于匹配程度从而单独起作用（Yeung and Wyer，2005）。

国内学者吴川、张黎和郑毓煌等（2012）研究指出，在评价品牌延伸时，不同调节聚焦属性的消费者对于母品牌质量、母品牌与延伸产品匹配程度两个因素的相对重要性的判断存在差异：进型调节聚焦属性的消费者更加重视母品牌与延伸产品之间的匹配；规避型调节聚焦属性的消费者更加重视母品牌质量。

2.2.3　品牌理论评述小结

通过梳理我们发现，现有文献对品牌授权的研究主要从管理学和营销学的角度进行研究，也即回答如何进行品牌授权，但没有回答品牌授权所需要的条件。品牌授权与品牌延伸均表示将原品牌应用到新品类上，这种转移使用能否成功是影响两种品牌策略的关键因素。在这一点上，品牌授权和品牌延伸具有较大的相似性。因此，本书在品牌延伸相关思想的指导下，结合品牌授权模式本身的特征，对授权方和被授权方成功应用该模式的条件进行分析论证。

2.3　本章小结

通过对循环经济研究综述后发现，对于循环经济中存在的经济效益和生态

---

① Garvin（1984）提出，母品牌质量是指消费者对于母品牌的总体态度，这个态度源自于消费者对母品牌下产品耐用性、服务、性能和失误率等具体属性的判断。

环境效益之间的矛盾问题，学者们已经从宏观调控和政策方面做了一些研究，但是并没有给微观企业提出切实可行的解决策略。同时，技术上已获得成功的循环模式如何在市场中顺利实现运转的问题，现有研究没有给出解决途径。

从技术和工艺上实现了循环只是循环企业的基本问题，如何以高于同类产品的价格将产品销售出去，则是决定该循环体系能否持续下去的经济因素。因此，企业的任务是如何获得循环经济所生产出的产品定价权，也即如何在高于市场均衡价格的条件下提高产品销售量。本书从品牌经济学的角度，将品牌授权思想引入循环经济的发展中。首先对品牌授权成功的条件进行研究；其次将其引入循环经济中，创新性地提出了循环经济发展的"三循环"模式，对企业解决"循环而不经济"的问题提出了新颖的解决模式。

第3章 品牌授权方行为的经济分析

品牌授权方是指拥有信用度较高品牌的企业或团体。一个企业从无品牌到能够成功进行品牌授权,需要经过两个阶段,即授权准备阶段和品牌授权阶段。通过对品牌授权方的行为进行经济分析,可以得出影响授权方实施品牌授权模式的关键要素。

3.1 品牌授权模式的现状分析

品牌授权经营模式始于卡通人物的商品化,使用该模式的第一个案例是沃特·迪士尼影片公司。在公司成立不久,其创建的卡通形象在一定范围内受到人们的喜爱。一天,沃特在餐厅就餐时,一名男子走近他说,"我是一名家具制造商,我给你300美元,你让我把米老鼠的形象印在我的写字台上好吗?"沃特欣然同意。这次简单的交易开启了一种新的商业模式,也给迪士尼公司带来了巨大的财富商机。然而,品牌授权业的急剧发展还是近二十年以来。

据了解,作为被授权商,在其产品上贴上消费者熟悉的其他企业的品牌后,可促使其销售额增长高达20%~30%;而对于授权商来说,通过授权费收入等可获得约九倍于自身的价值。[①] 新兴的品牌授权经营模式,已被企业广泛用于知名度提升和规模扩张的过程中,同时,品牌授权已经成为跨国公司战略的一个重要组成部分。从目前品牌授权业的发展情况来看,欧美国家的品牌

---

① 国内品牌授权市场可带来9倍"周边收入"[EB/OL]. (2008-1-7) http://info.cloth.hc360.com/2008/01/07093164670.shtml.

授权发展较为成熟，主要呈现以下两个特点：

（1）娱乐及卡通人物授权仍然是品牌授权的主要方面。其中迪士尼公司是最成功的代表之一，众多代理迪士尼品牌的企业都成功了，目前全球有3000多家授权商正在销售着超过10万种与迪士尼卡通形象有关的产品。迪士尼正式授权签约的第一个项目是国际饮品公司生产的米老鼠冰激凌，第一个月就卖出了1000万份，迪士尼公司从销售额中提取了5%的授权费。目前被迪士尼授权的商品涉及手表、饰品、少女装、箱包、家居用品、毛绒玩具、电子产品等。

（2）除了娱乐及卡通人物授权外，艺术家品牌授权、大学品牌授权等新兴的品牌授权方向正在逐步兴起。例如，荷兰银行在中国台湾利用艺术家梵高的形象进行营销，在三个月内创造了300%的成长率。成功的艺术家品牌授权，使一个原本在中国台湾不算知名的银行，迅速成为时尚讨论话题。同时，荷兰银行还设计了一系列梵高作品的艺术授权商品，如杯子、钟表、随身听、数码相机和文具等。许多消费者为了获得这类商品，不惜花费较高的手续费。荷兰银行采用产品授权、画作授权和数字授权的方式为企业创造了高附加值的收入。又如，英国牛津大学利用其较高的知名度和数百年历史优势，将其品牌形象授权给运动服、科学玩具以及教育棋盘等商品，获得了较高的授权收入。

虽然近十年来我国品牌授权市场发展非常迅速，但仍然处于起步阶段。2004年，我国的授权收入为10亿元，到2010年上升为15亿元，是亚洲区域内增幅最快的市场。然而，相比欧美国家，我国授权业规模还很小。国内品牌授权市场的主要特点包括：

（1）我国在品牌授权模式中主要扮演被授权方角色，本土授权项目发展还非常不完善。调查显示，国内品牌授权市场上，超过90%为外国授权项目，其中59%来自美国，14%来自欧盟，13%来自日本，而内地本土授权项目仅占7%。

近年来，国产动画片《喜洋洋和灰太狼》受到孩子们的追捧，但在品牌授权方面做得并不成功。2011年11月4日，《新华日报》发表题为《"喜羊羊"要嫁"米老鼠"？牵手是戏剧还是"杯具"？》的文章，对《喜羊羊与灰太狼》的形象版权要卖给迪士尼的消息进行了揣测和分析。而这一消息不久便得到证实,"喜羊羊"的部分版权被转让给迪士尼。① 广东原创动力2005年6月推出的《喜羊羊与灰太狼》是中国最成功的国产动画片之一,那么为什么要将如此成功的卡通形象让给别人呢?广东原创动力总经理刘蔓仪在新闻发布会上透露,在获得收视率成功之后,《喜羊羊与灰太狼》发展了500家品牌授权商,公司虽然已经实现盈利,不过数额尚不大。

(2) 在授权产品中,外国卡通人物形象授权占据主要地位,如 Mickey Mouse,Snoopy 等经典卡通形象。据有关调研显示,人物授权项目(大部分是卡通人物)占据国内授权产品的76%,公司商标项目则占20%。相比于国外形式多样的品牌授权方式,我国授权项目较为单一。

品牌授权的现象越来越普遍,从动漫形象授权(如米老鼠、HelloKitty、几米漫画等)到企业品牌授权(如可口可乐、花花公子等),到影片娱乐授权(如哈利波特、猫王等),再到运动品牌授权、网络游戏授权等,品牌授权现象几乎随处可见。

问题是品牌授权并非"灵丹妙药",我们看到了许多矛盾的事实:既有很多品牌授权获得了巨大的成功,也有大量失败的品牌授权案例。由此产生的问题就是:在什么条件下,品牌授权能带来市场成功呢?哪些因素影响品牌授权的成败呢?一个成功的品牌授权企业的发展,必然经历了从商标到品牌,再到授权三个过程,即商标⇒品牌⇒授权。

3.2 授权准备阶段

3.2.1 产品的情感利益与物质利益

授权准备阶段,即从商标到品牌的阶段。企业刚起步时,它拥有的仅仅是一个合法的注册商标。根据品牌经济学原理,$C_c = l(B) = l(b \cdot s)$,且 $\dfrac{dC_c}{dB} < 0$。

---

① 龚倩."喜羊羊"要嫁"米老鼠"?牵手是喜剧还是"杯具"?[EB/OL].(2011-11-04) http://culture.gmw.cn/2011-11/04/content_2907374.htm.

在品牌策略正确的条件下（即 s = 1），消费者的选择成本取决于品牌品类度 b。由于该阶段同类产品之间具有同质性，因此 b 较小，进一步导致其品牌信用度 B 较小。此时，目标顾客对此类产品的选择成本较大，需求较小。因此，在这个阶段，厂商所拥有的注册商标，仅仅是个法律符号，并没有成为目标顾客选择成本等于零的单一利益点的代言或象征。换言之，商标并没有成为品牌，并且因产品同质竞争带来的盈利能力降低。

当企业在正确的品牌策略条件下，不断提升品类度从而使品牌信用提升到 0.8 以上时[①]，A 厂商产品的需求量将大大增加。然而拥有信用度较高的品牌是进行品牌授权的必要条件，而不是充分条件。那么什么样的品牌才能成功进行授权呢？根据品牌品类度的公式来分析，即 $b = g(m, e) = m^{1-\alpha} e^{1-\beta}$，其中，m 表示产品的物质利益，e 表示产品的情感利益。在同质化的条件下，商品提供给消费者的物质利益完全相同；而不同品牌由于定位差异带给消费者的情感利益差别非常大，正是由于情感利益的差异决定了品牌品类度。例如，某快餐店的炸鸡翅是由山东凤祥集团生产的，在该快餐店的价格是 8 元/对。但是我们以"该炸鸡翅如果以'凤祥'牌销售，您认为价格应该是多少？"为题，在全国 6 个大城市进行实际访谈时，得出的平均价格是 4.5 元/对。显然炸鸡翅的物质利益是相同的，价格之所以不同是因为情感利益不同。从现有学术成果来看，快乐情感的特性决定品牌品类具有高度敏感性，因此只有当品牌上升为某种快乐的象征或代言时，品牌延伸才能取得成功（孙日瑶、刘华军，2005；朱红红，2009）。品牌授权是一种特殊的品牌延伸，快乐情感依然是品牌授权的前提条件。例如，米老鼠带给人们快乐的感觉主要从两个阶段来进行。

第一，视觉夸张设计的商标"米老鼠"阶段。所谓视觉的夸张设计，就是将实物进行反向设计，例如，将老鼠的尖嘴，设计成米老鼠的宽嘴；将老鼠的粗腰，设计成米老鼠细细的蜂腰。这种反向设计形成的视觉，超出了人们的

---

① 孙日瑶、宋宪华于 2011 年出版《品牌工程学》，书中详细提出对品牌信用度进行评级的方法和指标，称之为商标的品牌信用度指数（Trademark's Brand Credit Index，TBCI）。TBCI 值介于 0 到 1 之间：TBCI≥1.0 为 AAA 级，表示极高的信用；TBCI = 0.8 - 0.99 为 AA 级，表示很高的信用；TBCI = 0.6 - 0.79 为 A 级，表示较高的信用；TBCI = 0.4 - 0.59 为 B 级，表示较低的信用；TBCI = 0.2 - 0.39 为 C 级，表示很低的信用；TBCI≤0.19 为 D 级，表示极低的信用。

经验常识，也就带来了想象空间和牢固的记忆。然而，从现实来看，很多企业对企业的产品外形，包括包装、产品本身、商标等，也进行了视觉设计，但并未增加销量。原因有两个：其一，目标顾客对厂商所设计的视觉缺乏情感，设计出来的视觉形象，仅仅是个符号而已，这个符号与目标顾客并未建立起情感共鸣关系。其二，厂商所设计出来的视觉符号，与产品的使用功能发生冲突，例如，将米老鼠用到丧葬产品上，就不能提高原产品的销售量。此外，我国某著名痔疮商标所属企业，后来开发了一种口服液，但在口服液的外包装盒的左上角，显著突出了该痔疮药商标，从而使该口服液无法取得市场。因此，单纯的视觉设计，即使这个视觉很夸张，从而赢得顾客的喜欢，但这种喜欢属于浅层情感，边际收益很低，重复选择的可能性极少。

第二，快乐故事形成的情感"米老鼠"阶段。米老鼠从1928年在世界上第一部有声动画《威利汽船》正式登上银屏后，随后出演了一系列的故事。据收录最全迪士尼米奇故事的《米奇的动画生涯DVD》显示，关于米老鼠的故事就有117个。人们通过观看这一系列的故事来了解米老鼠，他以其随和、快乐的天性成为孩子和家庭心目中永远乐观的卡通形象，并为人们所钟爱和信任，至此米老鼠从一个夸张的视觉符号，成为"快乐"的代言或象征。

3.2.2　构建快乐情感品牌

"快乐"是以人与对象的物质存在于消耗为基础又超然于这种物质之上的愉悦的精神感受（陈惠雄，2010）。伊壁鸠鲁认为，人一出生就拥有趋乐避苦的天性[①]。正是这种与生俱来的特性，使人们对快乐的追求是无限的。物质利益是消费者使用商品时所获得直接利益，情感利益是使用商品时带给消费者情感上的满足程度。当消费某种产品所带来的情绪波动与消费者的背景情绪达到最大共鸣时，消费者获得的情感利益也是最大的，这种情感利益体现为消费者的快乐体验。因此，"以乐为本"是授权产品最根本的消费属性：让消费者快

---

① 伊壁鸠鲁认为，幸福生活是我们天生的和最高的善，我们的一切取舍都从快乐出发，我们的最终目的乃是得到快乐。

乐的产品，其不一定会被选择，因为消费者满足快乐的方式是多样的；但让消费者感到不快乐的产品，则肯定不会被选择。

人们快乐的感觉是如何产生的呢？从生理学来看，由脑内分泌的神经传导物质多巴胺，是传递人类亢奋和欢愉情感的化学物质。这种脑内分泌主要负责大脑的情欲和感觉，传递兴奋和开心的信息，也与上瘾有关。同时，多位学者已证明，多巴胺的分泌对人们的消费行为产生一定影响①。当我们经历新鲜、刺激或具有挑战性的事情时，大脑就会分泌多巴胺，从而产生快乐的情感。不同的外界刺激因素，对多巴胺分泌的浓度和时间长短不同。例如，听一段相声所带来的多巴胺分泌的时间可能为 10 分钟，强度仅能博得听者一笑；而谈恋爱时多巴胺的分泌时间可持续几个月甚至几年，强度可能让人失去理性，难以看到对方的缺点②。消费者快乐情感的满足具有广泛性、差异性和替代性。

（1）快乐情感的广泛性。人们对快乐的需求包括多个方面，可以表现为对金钱、名誉、地位、住房等物质产品的追求。对物质财富的追求之所以能够带来快乐，是因为满足了人们对稀缺资源的占有欲望。陈惠雄于 1988 年提出的快乐指数体系中包含健康、亲情、收入、职业环境、社会环境和自然环境等六个快乐因子圈③。

（2）快乐情感的差异性。快乐是人的一种主观感受，受消费者个性特征的影响非常大，如教育背景、社会经历以及消费时的情绪等因素。同一件产品可能带给每一个消费者的感受都不相同，这也是造成"一千个读者就有一千个哈姆雷特"的原因。如何让尽可能多的消费者产生情感共鸣是产品成功的

---

① 多巴胺能让一个人痴迷于购物，并且可能做出错误的决策。埃默里大学的伯恩斯说，多巴胺可以解释为何一个人购买了一双鞋子后却从来不穿。他说，由于购物环境等的因素，这个人看到这双鞋后，多巴胺就大量分泌，从而刺激其购买欲望。多巴胺就像是行动的助推剂一样，但一旦购买行为完成后，其浓度就会下降。神经学家、研发主管刘易斯也指出，假日期间拥挤的顾客、恶劣的服务和你已经支出过多金钱的现实会迅速打消购物的良好感觉，使多巴胺的分泌降低，从而影响购物的兴趣。

② 据英国《卫报》相关报道，加利福尼亚州立大学的学者专门对田鼠进行了跟踪，田鼠是实行终身一夫一妻制的"性情动物"。通过研究它们的大脑和行为，分析它们的爱情产生与消亡过程，学者们发现当雄田鼠和雌田鼠交配以后，雄田鼠就会一生一世忠于雌田鼠，每当这个时候，雄田鼠的大脑就会释放出大量多巴胺——一种名为"感觉良好"的化学物质。同样人类爱情也受多巴胺的影响，通常会持续一年半到三年，随着多巴胺的减少和消失，激情也由此变为平静。

③ 陈惠雄. "快乐经济学"的质疑与释疑 [J]. 学术月刊，2010（3）：67-75.

关键,而快乐的主观性使其对目标消费者的需求进行研究时存在着更大的挑战。

(3)快乐情感的替代性。随着产品的丰富以及科学技术的发展,产品之间的替代性非常强。以文化产品为例,不同的文化产品提供了不同的体验形式,然而其目的是与消费者产生共鸣,进而激发快乐情感。这种共性使替代性不仅存在于同类文化产品之间,不同类产品之间的替代性也比较强。例如,听一段相声,或是从杂志上看几则笑话,或是看一部喜剧片,带给消费者愉悦感受的差异性可能都很小。

目前,我国品牌授权主要在文化产业,包括动漫、电影等,是构成其产业链的重要部分甚至被形容为动漫产业存活的救命稻草①。利用文化产品的衍生品进行创新,具体可采用以下两种方式:一是产品的多元化,构造丰富的娱乐世界。产品多元化是指以某款产品为核心,扩大其文化产品内容的丰富性和人物形象的多元化,例如,芭比娃娃虽然形象单一,但她可以从事上百种职业,拥有10亿件美丽的衣服,还有一群朋友和宠物,她给女孩们带来的不仅是陪伴,还是一种生活方式的向往。又如,迪士尼构造了众多形象,包括米老鼠、维尼熊、白雪公主、狮子王等;《红楼梦》也以其众多的人物形象获得了不同消费者的认可。二是虚实结合,即将虚拟的文化产品与实体产品相结合。典型案例是迪士尼的动画片和迪士尼乐园的结合。对消费者来说,迪士尼的卡通片属于虚的文化产品,而到迪士尼乐园进行参与式体验便是实的产品。文化产品通过虚实之间的结合,可以获得更高的品牌溢价。更多虚实结合的例子,是卡通形象的品牌授权,例如,米老鼠、snoopy 和 Hello Kitty 等形象被授权到各种产品上,从而获得了较高的授权收益。

---

① 对于动漫企业来说,资金是首要难题,而目前内地的动漫企业几乎承担了全部的前期成本。"动漫制作是个烧钱的过程,投入资金越多,越能创作出高质量、有影响力的动画片。"动漫业内有关人士算了这样一笔账:如果制作一部较高质量的原创动画片,1分钟的制作成本要6000~10000元,如果作品在央视播出,每分钟的播出价格只有600元左右,在省市台的播出价格每分钟只有几十元。即使是在全国所有的省级卫视台和央视播出,每分钟的播出成本只能收回1200元左右,运气好的话,收回这些成本需要至少三年的时间,但多数时候,运气不好。因此,如果仅依靠播放环节来收回前期投入的成本并获取盈利,在中国几乎不可能实现,而后期的品牌授权是动漫企业存活的重要方式。初探中国动漫产业形象授权新出路[EB/OL].(2008-1-21)http://news.china.com/zh_cn/domestic/945/20080121/14626751_1.html.

3.3 品牌授权阶段

3.3.1 基本假设

为便于分析，本书假设品牌授权方为 A 厂商，被授权方为 M 厂商。同时做出如下假设：

（1）产品同质假设，即各厂商生产的同类商品不存在显著差别。本章所指的"产品同质化"是指产品带给消费者的物质利益相同，而产品不同的情感利益是厂商为提高品牌信用度而制造的差异，这种情感利益正是本书研究的内容之一。

（2）产品价格假设，即同类商品的价格相同，进行品牌建设的目标是如何在价格一定的条件下，增加产品的需求量。

（3）竞争市场假设，即市场是竞争性的。在同一产品市场中存在至少两个品牌，并且品牌之间存在相互联系，能够相互影响品牌信用度。

3.3.2 授权方的品牌信用度影响因素研究

从以上分析可以看出，只有当一个品牌上升为某种快乐的象征或代言时，才能进行品牌授权。品牌授权可突破资源的限制，扩大企业的盈利能力。同时，品牌授权也具有较高的风险，因为品牌授权而失败的案例不在少数。原因在于授权后，授权方的品牌信用度会因此受到影响。

品牌授权可以看作特殊形式的品牌联合[①]，即在双方的合伙人中，授权方的品牌影响力极大，而被授权人没有品牌。根据实践经验和学术界中对品牌联合的实证研究结果（Aker and Keller，1990；Keller，2003；Simonin and Ruth，

[①] 品牌联合（brand alliance）是指分属不同公司的两个或更多品牌的短期或长期的联系或组合。品牌联合强调联合双方地位的平等性，以及品牌的相互融合性，例如，由索尼公司和爱立信公司联合生产的手机使用"Sony Ericsson"作为品牌名称。

1998)，影响联合品牌评价的诸多因素中联合匹配性的作用最大。将该思想纳入品牌经济学的范畴下，我们认为品牌授权双方的品牌信用度及其匹配的粘合度，共同决定了品牌授权后双方的品牌信用度。授权方的品类度在其原有信用度的基础上，受匹配双方的粘合度和被授权方信用的影响，基于此我们首先考虑被授权方只有一家的情况，用以下公式来表示：

$$B_{bl}^A = B_A + \lambda B_A B_L^{1/\alpha} \tag{3.1}$$

其中，B_A 表示 A 企业授权前的品牌信用度；B_{bl}^A 表示 A 企业授权后的品牌信用度；B_L 表示被授权方 L 的品牌信用度；α 表示被授权方 L 的品牌信用度在授权中对 A 企业的影响程度，我们称为反向影响度。该系数可以根据被授权方企业的规模、广告投入等进一步测算。

$$\alpha = \frac{R_L}{R_A} + \frac{C_L}{C_A} + \frac{M_L}{M_A} \tag{3.2}$$

其中，R_A 代表 A 厂商除授权费以外的利润，R_L 代表 L 厂商的利润，C_L、C_A 分别代表 A 厂商和 L 厂商进行宣传的投入。M_L、M_A 分别代表新闻媒体对 A 厂商和 L 厂商主动报道的家数。新闻媒体的主动报道对消费者来说具有很高的可信度，因此是反向影响度的衡量指标之一。新闻媒体的主动报道包括正面和负面消息，例如，由三辰卡通授权经营的蓝猫保健，部分经销商的蓝猫保健品被查出不符合卫生标准，当各地经销商要求退货时发现，合同所规定的退货条款难以实现。蓝猫保健被告上法庭，最终败诉并被查封，引起各大媒体广泛关注。

λ 表示授权方 A 和被授权方 L 之间的品类粘合度。该系数可以用集合的概念来进一步刻画：

令 $L = \{b_{A1}, b_{A2}, \cdots b_{An}\}$，L 表示授权方 A 利益点的集合；

令 $H = \{b_{L1}, b_{L2}, \cdots b_{Ln}\}$，H 表示被授权方 L 利益点的集合；

$L \cap H = \{b \mid b \in L, 且 b \in H\}$，$L \cap H$ 代表授权方和被授权方相同的利益点集合；

$L \cup H = \{b \mid b \in L, 或 b \in H\}$，$L \cup H$ 代表授权方和被授权方利益点的全集。

用 $\text{card}L \cap H$ 和 $\text{card}L \cup H$ 分别表示 $L \cap H$ 和 $L \cup H$ 内元素的个数，N 表示 L 和 H 中完全相反或相对的利益点的个数。

则有：

$$\lambda = \frac{\text{card} L \cap H - N}{\text{card} L \cup H} \quad (3.3)$$

λ 的取值范围为 $\lambda \in [-1, 1]$，包含以下三种特殊情况：

(1) 如果授权方和被授权方品类集完全没有重合，或者相同与相反的品类集等量，即 $\text{card} L \cap H - N = 0$，则 $\lambda = \frac{\text{card} L \cap H - N}{\text{card} L \cup H} = 0$。此时 $B_{bl}^A = B_A$，授权方的品牌信用度没有影响。

(2) 如果授权方和被授权方的品类集不仅没有重合，而且完全相反，即 $\text{card} L \cap H = 0$ 且 $N = \text{card} L \cup H$，则 $\lambda = \frac{\text{card} L \cap H - N}{\text{card} L \cup H} = -1$。此时 $B_{bl}^A = B_A - B_A B_L^{1/\alpha} < B_A$，授权方的品牌信用度因为选择了不恰当的被授权方而被受损。

(3) 如果授权方和被授权方品类集完全重合，并且没有相反的利益点，即 $\text{card} L \cap H = \text{card} L \cup H$ 且 $N = 0$，则 $\lambda = \frac{\text{card} L \cap H - N}{\text{card} L \cup H} = 1$。此时 $B_{bl}^A = B_A + B_A B_L^{1/\alpha} > B_A$，授权方的品牌信用度有所提高。

由此可以看出，品类的粘合程度是决定授权方成功与否的关键，如果选择了粘合度较高的被授权方将会不断促进企业的发展；反之，如果选择了粘合度很低的被授权方将会对企业带来负面影响。

考虑到企业 A 授权给 n 家厂商时的情况，授权后的品牌信用度可表示为：

$$B_{bl}^A = B_A + \lambda_1 B_A B_1^{1/\alpha_1} + \lambda_2 B_A B_2^{1/\alpha_2} + \cdots + \lambda_n B_A B_n^{1/\alpha_n} = B_A (1 + \sum_{i=1}^{n} \lambda_i B_i^{1/\alpha_i})$$

(3.4)

从式 (3.4) 可以看出，品类粘合度 (λ)、被授权方的品牌信用度 (B_i)、反向影响度 (α_i) 以及被授权方的数量 (n) 四个要素共同决定了授权方品牌信用度的大小。

3.4 影响授权方成功的要素分析及现实解释

品牌授权对品牌拥有者来说，存在着较大的风险。原因就在于授权后其品牌信用度会受各种因素的影响，从而发生变化。如果做出了正确的决策，会增加其品牌信用度，提升品牌价值；如果决策失误，那么可能会导致品牌信用度受损，降低品牌价值。那么授权方应该依据什么指标来进行授权决策呢？

3.4.1 模型中各指标的解释及现实意义

从上述分析可以看出，授权方在授权后的品牌信用度取决于四个要素的影响：品类粘合度（λ）、被授权方的品牌信用度（B_i）、反向影响度（α_i）以及被授权方的数量（n）。我们依次对这四个要素进行分析。

（1）品类粘合度（λ）。如果授权双方相同的利益点多于相反或相对的利益点，即 cardL∩H＞N，则 $\lambda \in (0, 1]$，表明授权后 A 企业的品牌信用度有所提高；相反，如果授权双方相反或相对的利益点多于相同的利益点，即 cardL∩H≤N，则 $\lambda \in [-1, 0]$，表明授权后 A 企业的品牌信用度有所降低。由此看出，品牌粘合度的大小直接决定了授权的成功与否，是企业进行品牌授权前需要考查的重要指标。

现实中由于品类选择不正确，导致品牌授权失败的例子很多。例如，上海海欣玩具有限公司为"猫扑制造"的被授权商，主要生产猫扑的毛绒玩具。该公司副总经理马俊仙表示，由于销售情况不理想，在两年的合同期结束后他们将不考虑续约。门户网站猫扑网拥有广大的爱好者，包括聊天室、网络电台、数码、游戏、魔兽世界等，本身品牌信用度较高。然而猫扑的形象非常酷，比较受男生喜欢；而海欣玩具公司生产的毛绒玩具是为小女孩设计的，品类定位为天真可爱。因此双方的品类粘合度非常低，最终导致品牌授权不成功。

（2）被授权方的品牌信用度（B_i）。根据《品牌工程学》中对品牌信用度评价的十个指标来看[①]，由于被授权方还处在商标阶段，因此对其品牌信用度有较大影响的是，终端建设的稳定性和质量信息的透明性两项指标。所谓终端

---

① 《品牌工程学》中对品牌信用度评价的十个指标包括目标顾客的精确性、利益承诺的单一性、单一利益的对立性、品牌建设的岗位性、单一利益的持久性、终端建设的稳定性、品类需求的敏感性、注册商标的单义性、媒体传播的公信性和质量信息的透明性。

建设的稳定性,是指目标顾客在购买终端面临购买决策时所受到的干扰程度;所谓质量信息的透明性,是指产品质量是否经过了科学、可靠的试验或检验。终端建设的稳定性要求企业有稳定的销售场所,并且企业对每个终端有完全的控制能力;质量信息的透明性要求对产品中的所有成分以及不适宜人群等信息标注清楚。

现实中我们看到成功的授权案例中,授权方对被授权方的品牌信用度要求非常严格;相反,品牌信用度较低的被授权方往往给授权方带来了很大困扰。例如,国际著名的轮胎品牌 DUNLOP 在授权给国内顶星集团时,从产品的市场定位、产品设计开发到审核厂家、监督产品质量等,方方面面的工作都精心关注,确保了这次授权的成功。

另外,迪士尼在中国的品牌授权呈现出一些混乱,主要原因是迪士尼美国总部对中国市场的业绩指标是,每年增长 40% 以上。美国公司不关心执行过程,亚太区也仅派了一个执行总裁过来,而其对中国的了解程度也完全按照美国的指标来定。[①] 为了完成任务,中国市场就开始采用给更多的厂商授权和提高权利金的办法,因此对被授权方的品牌信用度考查程度降低,导致授权市场上个别厂商产品质量良莠不齐,甚至发生不正当竞争行为。

(3) 反向影响度 (α_i)。该指标取决于被授权方企业的规模、广告投入、新闻媒体的主动报道等情况。考虑极端的情况,如果被授权方 L 对 A 毫无影响,即企业规模很小、没有任何广告和宣传投入,则 $\alpha \to 0$,$1/\alpha \to \infty$,此时授权方 A 的品牌信用度几乎不受影响(品牌信用度 $B \in [0, 1]$)。例如,国内被迪士尼授权的一些生产纸品、铅笔、圆珠笔、蜡笔、彩笔、尺、剪等小型企业从规模和品牌传播效用来看,对迪士尼本身的品牌信用度影响非常小。

相反,如果被授权方 L 对 A 的影响非常大,即 $\alpha \to \infty$,$1/\alpha \to 0$,则会较大程度地影响授权方的品牌信用度。例如,加多宝集团公司在获得广州医药集团公司的王老吉商标授权后,通过一系列的品牌建设策略,使王老吉由两广地区的区域性品牌快速发展成为全国性品牌,而且成为国内凉茶的领头企业,由此

---

① 张淑芳. 迪士尼授权,让米老鼠在中国遇尴尬 [EB/OL]. (2008 – 2 – 15) http://info.cloth.hc360.com/2008/02/14092265901.shtml.

大大提升了授权方广药集团的品牌信用度①。一般情况下，被授权方对授权方的影响较小，这也是一个成功的品牌往往授权给众多厂商的原因，如 HelloKitty 的授权商品达到 2.2 万种以上；全球 3000 多家授权商正在销售着超过 10 万种与迪士尼卡通形象有关的产品。另外，授权方往往无法左右被授权方的规模和广告投入等决策，因此对于大部分授权方来讲，该指标的大小是比较固定的值。

(4) 被授权方的数量（n）。对进行品牌授权模式的企业来说，授权数量体现一个企业规模与实力的象征，正如前面提到的 HelloKitty 和米老鼠的授权厂家一样。目前普遍的观点是认为授权给越多的厂家越好，然而事实并不是如此，授权方应根据自身发展的情况，在能够对每一次授权负责的约束条件下进行授权。过快过急的授权将会给授权方带来致命的伤害。

3.4.2 品牌授权的路径及策略分析

从以上分析来看，在影响授权方品牌信用度的四个中标中，反向影响度（α_i）由于一般较小并且授权方很控制，因此可以被看作是固定值；被授权方的数量（n）受授权方自身的发展状况、影响力等因素的制约，在一定时期内增长幅度有限。因此，在较短时期内影响授权方品牌信用度的主要因素是品类粘合度（λ）和被授权方的品牌信用度（B_i）。对于这两个指标的组合形式可以用图 3-1 表示。

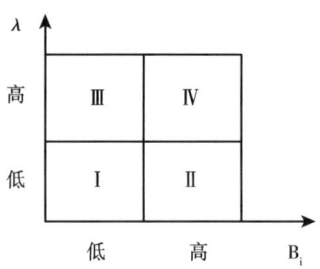

图 3-1 品牌授权的路径组合

资料来源：作者绘制。

---

① 1995 年，广药集团将罐装王老吉品牌的使用权，以 20 年的租期租给了香港加多宝。加多宝集团在得到王老吉罐装的商标承租权后，采取各种措施使得"王老吉"这一商标的品牌信用度得到较大提高。广药集团日前宣布，王老吉品牌价值高达 1080.15 亿元。但目前广药集团和加多宝集团就"王老吉"品牌的租用期限展开了激烈争夺。

从图 3-1 中可以看出，授权方可能会遇到四种情况的被授权方。

（1）λ 较低，B_i 较低。如图 3-1 中区域 I 所示，被授权方与授权方的粘合度较低，同时被授权方的品牌信用度也较低。这种情况的授权是授权方应该完全拒绝的，尤其是当双方的粘合度为负时，多授权一家这样的厂商对于授权方来说意味着多一点损失，多一份危险。

（2）λ 较低，B_i 较高。如区域 II 所示，被授权方与授权方的粘合度较低，但是被授权方的品牌信用度较高。在这种情况下，授权方需要对双方粘合度的深入考查再做判断：如果粘合度为负，则拒绝授权；如果粘合度为正，可以考虑授权，但需要在合作过程中不断使被授权方的品类度接近授权方，也即双方需要不断磨合。

（3）λ 较高，B_i 较低。如区域 III 所示，被授权方与授权方的粘合度较高，但是被授权方的品牌信用度较低。品牌信用度低意味着，被授权方的终端极其不稳定或者质量信息存在隐瞒。终端不稳定使消费者在产品出现问题时无法解决，而质量如果出现问题对品牌的影响是不言而喻的。因此，即使被授权方与授权方的粘合度很高，授权方也应避免与该类品牌信用度低的厂商进行合作。

（4）λ 较高，B_i 较高。如区域 IV 所示，被授权方与授权方的粘合度较高，同时被授权方的品牌信用度较高。这种情况是品牌授权方的最佳选择，授权成功的概率非常高，也往往能使双方达到"共赢"的目的。

例如，20 世纪 90 年代，迪士尼凭借《狮子王》等动画片的热映，一时风光无限；而麦当劳在美国本土曾保持每年开店 700 家的扩张速度，于 1996 年达到扩张高峰。对于麦当劳来说，美国本土市场已经面临饱和；对于迪士尼来说，国际市场的收入不足挂齿。因此开拓国际市场这个共同的目标让他们走到了一起。麦当劳将迪士尼的形象运用于全球 3 万多家餐厅，同时迪士尼的电影、电视及主题公园中对麦当劳的形象也进行了推广。两家公司相互授权，共同进退，几乎征服了全世界的小朋友。

3.4.3 授权方的策略研究

授权方如何选择被授权方呢？由以上分析可以看出，双方的品类粘合度和被授权方的品牌信用度是决定性授权成功与否的关键因素，为此本书为授权方选择授权对象提出以下三个建议：

第一，始终注重产品质量。产品质量是品牌建设的"桶底"，若没有"桶底"，水桶一滴水也盛不了。不管是创建自主品牌还是被授权品牌，质量好不一定保证企业成功，质量不好却能使企业必定失败，因为在竞争条件下，即使顾客不清楚质量问题，但竞争对手的眼睛是雪亮的。因此授权方对被授权方产品的质量始终要严格把关，因为一旦出现问题，授权方的品牌形象将受到很大损害。

第二，重点考察两个指数。品类粘合度和被授权方的品牌信用度是授权过程中的重中之重：品类粘合度对授权双方利益点匹配程度的考查，如果被授权方产品的利益点与授权方的利益点不相符，甚至背离，不仅导致被授权方无法享受授权带来的收益，而且授权方的品牌信用度也会受到影响；从被授权方的品牌信用度高低可以看出它对消费者负责任的程度，也是授权方需要考查的重要指标。

第三，建立被授权企业信用风险防范机制。品牌授权有风险，因为被授权方的品牌信用度随着时间的变化而可能产生变化。企业借用他人品牌获得较高利益后，有的为长远着想注重自身品牌信用度的建设，使之不断上升；而有的企业只顾眼前利益，为谋取更高利润降低产品质量，甚至非法再授权给其他公司，从而使自身品牌信用度下降。因此，授权方必须建立被授权方品牌信用下降的防范措施，一旦出现这种情况，正确快速地解决此类危机事件。

3.5 本章小结

品牌授权是目前发展非常迅速的一种商业模式，但对于品牌拥有者来说，是一个要求较高、存在风险的行为。本章首先对国内外品牌授权的现状进行了分析，可以看出与欧美国家相比，我国的品牌授权模式还处于萌芽阶段。一个成功的品牌授权企业的发展，必然需要经历从商标到品牌，再到授权的三个过程。

在授权准备阶段,应重点对产品的快乐情感因素进行建设。只有当品牌上升为某种快乐的象征或代言时,品牌延伸才能取得成功。然而,消费者快乐情感的满足具有广泛性、差异性和替代性,因此,循环企业应不断进行品牌创新和刺激,以此构建持续满足消费者快乐情感需求的品牌。

在品牌授权阶段,授权方的品牌信用度会因为授权行为而发生变化。通过授权方的品牌授权信用函数分析得出结论:授权方的品牌信用度变化取决于四个要素,即品类粘合度(λ)、被授权方的品牌信用度(B_i)、反向影响度(α_i)和被授权方的数量(n)。其中最重要的要素是λ和B_i,λ和B_i的值越高,越有利于授权的成功。品牌授权成功的条件包括以下三点:一是授权方和被授权方的品类粘合度较高;二是被授权方自身的品牌信用度也要达到一定水平;三是授权数量一定要控制在企业能够掌握的范围之内。在理论分析的基础上,本章对品牌授权方在进行授权时应注意的问题给出了相关建议。

第4章 品牌被授权方行为的经济分析

4.1 中小企业面临的问题及发展阶段分析

贴牌生产是我国目前我国很多中小企业生存的根本方式，企业该如何选择授权商关系到企业的生存与发展。特别是受到经济危机的影响，我国许多中小企业的面临着极大的生存挑战。以珠三角地区为例，虽然目前我国经济宏观面相对稳定，但微观面却不容乐观，企业倒闭现象在珠三角各市蔓延。倒闭的中小企业主要是外贸依存度高，以代加工为主要收入来源和进行贴牌生产的企业。贴牌生产作为一种很重要的生产模式，是我国目前很多中小企业生存的根本，那么选择"贴"哪一个牌是企业能否成功的关键。

我国中小企业长期以贴牌生产模式为生，受金融危机影响，贴牌生产过程中存在的问题显现出来，受到人们的广泛关注。以珠三角地区中小企业为例，下面对被授权方如何选择授权商进行分析。

4.1.1 珠三角地区中小企业发展现状分析

自 2011 年 10 月 24 日起，《南方都市报》连续推出 4 期系列报道，对在金融危机的影响下，我国目前珠三角地区企业生存、资金供需，政府财政和居民生活 4 个方面进行详细报道。虽然目前我国经济宏观面相对稳定，但微观面却不容乐观，企业倒闭现象在珠三角地区蔓延。倒闭的中小企业主要是外贸依存度高，以代加工为主要收入来源和进行贴牌生产的企业。受国际市场需求下降、国内劳动力成本上升、通货膨胀等因素影响，目前我国珠三角地区的中小企业发展陷入了"瓶颈"状态，面临的压力和困难比金融危机时期更加严重。中小企业发展存在的主要问题归纳如下。

第一，生产要素价格全面上升，中小企业利润空间遭到压缩。近年来，劳动力、原材料等成本涨幅较大，使原本利润空间不大的中小企业难以持续生产经营下去。中小企业由于受规模的限制，无法享受到由规模经济带来的成本降低，尤其是固定成本的降低的好处。因此，在与大企业进行竞争时，处于非常不利的地位。企业原本利润空间就非常小，在生产要素成本上升后，几乎难以维持下去。

第二，国际市场持续低迷，订单逐步向东南亚地区转移。珠三角地区的企业长期依赖国际市场，由于受金融危机的持续影响，国际市场的消费能力依然维持在较低水平。同时，由于我国产品价格竞争力逐步减弱，部分美国进口商放弃从中国进口，不少中低端产品的订单转移至印度、越南等新兴纺织工业区，导致珠三角地区中小企业等受到较大影响。

第三，"用工荒"现象频繁发生。近年来，我国大量农村劳动力开始出现回流趋势，一些劳动密集型企业招聘员工困难，严重影响了企业的发展。

在面临内外双重压力的困境下，珠三角地区的中小企业不得不重新考虑企业的发展方向和市场战略。随着人们品牌意识的不断加强，该问题也是中小企业必须要关注的。厂商的品牌建设是一个动态过程。从经验来看，一个企业从成立创业到成为品牌型企业，可以划分有两种途径进行品牌建设：一是自主品牌建设，即通过一系列的策略来提高自身的品牌信用度，进而降低产品的选择成本。二是通过品牌授权建设，即利用他人已有品牌的优势来提高自身产品的销售量。

4.1.2 中小企业发展阶段分析

对于中小企业而言，进行自主品牌建设发展空间更大，长期来看可通过品牌资产积累扩大企业规模，但是品牌建设资金投入大，风险较高；选择品牌授权可以节约大量的广告宣传费，短期内可快速提高销量，但需支付授权商一定的授权费，品牌盗版风险大，若选择了不恰当的授权品牌可导致企业亏损。中小企业采用品牌授权的方式的发展阶段可分为以下四个层次。

第一，假冒伪劣产品阶段。该阶段企业生产的产品包括假冒伪劣、粗制滥造、偷工减料、使用有害物质、明显的仿制产品等。该类产品质量存在诸多问题甚至可能对人造成伤害。当然，从理论上看，企业也可以直接跨越这一阶段，即在创业初就生产出优质产品。从现实中来看，仍有少部分中小企业处于该阶段，生产的产品存在各种问题。但是一个企业想要有较为长远的发展，生产出优质合格的产品是基本条件，否则将很快被市场所淘汰。

第二，产品质量合格阶段。处于该阶段的企业通过对产品的粗加工、精加工等来提高产品的价格。例如，养鸡场出售活鸡的增值空间不大，可通过宰杀切割也即分割鸡、熟食品、鸡肉酱、鸡精、鸡粉、鸡汁等，形成一个鸡肉加工链。随着加工程度的提高，包含在产品内的劳动量增加，进而使产品价格上升。珠三角地区的部分进行来料加工的企业属于该阶段的典型，然而随着劳动成本的上升，该类企业的发展受到很大限制。

第三，贴牌生产的阶段。处于该阶段的企业，通过使用已有的知名度较高的品牌来提升自我产品的销售量，从而达到快速扩大发展的目的。然而，很多企业由于不能正确地选择授权商标，即使接受了其他品牌的授权，最终仍然没有成功。问题的关键就在于，这些中小企业不知道如何对授权方的品牌信用度进行评判。我国珠三角地区处于该阶段的企业非常多，如各类电子类生产企业、保健品生产企业、纺织品生产企业等。贴牌生产是企业实现快速扩张的重要方式，因此如何帮助该类企业顺利地通过该阶段是非常重要的问题。

第四，自主品牌发展的阶段。接受授权品牌的经营方式适合于中小企业，因为这种方式解决了他们是否建设品牌的难题：若不建设品牌，企业根本无法生存；若建设品牌，许多中小企业又不掌握必要的知识和技能。如今已进入品牌竞争的时代，从短期来看，被授权企业借用他人品牌能够快速而容易地盈利；但是从长期来看，企业要想持久发展，品牌资产是根本保障。为此，可以通过品牌授权，促进自主品牌建设。例如，广东创科实业有限公司由最初的贴牌生产不断发展壮大，通过多年的努力在全球收购多个欧美高端知名品牌，如今已拥有自主品牌超过 10 个。其公司的年产值已经由 1985

年的3000万美元上升至40亿美元左右，实现了从贴牌生产到自主品牌发展的成功转变。

4.2 被授权方的粘合机制分析

4.2.1 粘合机制分析

任何商品提供给消费者的效用都包括物质和情感两个方面。现有研究已证明，单纯物质类或情感类品牌无法延伸，只有情感物质类品牌才能延伸（孙曰瑶、刘华军，2005；朱红红，2009）。然而，对授权品牌和被授权产品之间的关系问题目前研究没有给出很好的解释，被授权商该如何选择授权方呢？换言之，什么样的品牌才能成功进行授权呢？再一次根据品牌品类度的公式来分析，即 $b = g(m,e) = m^{1-\alpha}e^{1-\beta}$，其中 m 表示产品的物质利益，e 表示产品的情感利益。在同质化的条件下，商品提供给消费者的物质利益完全相同；而不同品牌由于定位差异带给消费者的情感利益差别非常大，正是由于情感利益的差异决定了品牌品类度。品牌授权是一种特殊的品牌延伸，快乐情感依然是品牌授权的前提条件。这就解释了品牌授权中存在的两个重要问题。

一是为何卡通授权占据了品牌授权中的重要位置？因为卡通形象不同于其他商品，它带给消费者的完全是情感利益。在品牌授权中只有情感利益能够转移到被授权商品上，而物质利益无法实现转移。

二是为什么在《喜羊羊与灰太狼》之前我国的大部分卡通形象都未获得成功？因为中国绝大部分人都认为动漫的受众群仅仅是儿童，一定要让他们在看的时候得到教育，学到东西。因此，很多国产动漫都还停留在以历史、典故、传说为主题的阶段，有的甚至以高、大、全的典型榜样人物为主题，用填鸭式的教学形式，"照本宣科"地展示中国优秀传统文化。这种做法完全背离了消费者对动漫的敏感需求，即获得某种快乐。再看美国各种动画片，如《米老鼠和唐老鸭》、《加菲猫》等完全以取悦于消费者为目的，尤其是家喻户晓的《猫和老鼠》，没有语言的交流，完全以夸张的动作和搞笑的故事情节虏获了观众。

为便于分析，假定 A 企业是被授权企业，B 是授权企业。设 A 企业在接受授权前，原产品的需求函数为：

$$Q_1 = f(P, C_c) \qquad (4.1)$$

其中，Q_1 表示原产品的销售量，P 为原产品价格，C_c 为原产品的选择成本。

作为授权企业，B 将自己的品牌形象出借给 A 使用在另一类商品上，B 企业品牌的情感利益得到转移，物质利益无法转移。假设消费者对 B 授权品牌的情感需求函数为：

$$E = g(a), 且 a \in (-1, 1), \frac{\partial E}{\partial a} > 0 \qquad (4.2)$$

其中，E 表示消费者对授权品牌的情感需求。a 为情感指数，a = -1 表示消费者在情感上完全排斥该产品，即对该产品情感表现为"厌恶"，此时 $\lim_{a \to -1} E \to 0$；a = 0 表示消费者在情感上对该产品持中性态度；a = 1 表示消费者非常喜爱该产品，此时 $\lim_{a \to 1} E \to Q_m$，其中 Q_m 表示市场对该产品的需求总量。

因此，A 企业产品接受品牌授权后的需求函数关系可表示为：

$$Q_2 = \delta E^\alpha Q_1^\beta 且 0 < \alpha, \beta < 1, \alpha + \beta = 1 \qquad (4.3)$$

其中，δ 为常数；α 和 β 分别是授权产品的情感需求和原产品物质需求在总需求中所占的比例。

将式（4.1）、式（4.2）代入式（4.3）中则有：

$$Q_2 = \delta g(a)^\alpha f(P, C_c)^\beta \qquad (4.4)$$

其中，$\frac{\partial Q_2}{\partial a} = \frac{\partial Q_2}{\partial g(a)} \cdot \frac{\partial g(a)}{\partial a} > 0$，$\frac{\partial Q_2}{\partial P} = \frac{\partial Q_2}{\partial f(P, C_c)} \cdot \frac{\partial (P, C_c)}{\partial P} < 0$，$\frac{\partial Q_2}{\partial C_c} = \frac{\partial Q_2}{\partial f(P, C_c)} \cdot \frac{\partial (P, C_c)}{\partial C_c} < 0$。

式（4.4）中需要区分两个重要变量 a 和 α：a 为授权商标的情感指数，

表示消费者对授权商标的喜恶程度；α 为授权品牌和原产品的粘合指数，表示授权商标的情感利益对原产品需求的影响程度。α ∈ [0，1]，α = 1 表示授权品牌和原产品完全粘合；α = 0 表示授权品牌和原产品完全不粘合。例如，尽管人们对米老鼠的快乐情感指数 a 较高，但若是授权于丧葬用品，则并不能提高产品的需求量，因为 α = 0。

授权品牌一方面具有较高的品牌信用度；另一方面授权品牌为情感型品牌，根据品牌经济学原理及有关学者的证明，随着品牌作用于消费者情感指数的提高，消费者的偏好越大，花费的意愿也越高（朱红红，2009）。因此，授权品牌的情感需求对产品的影响越大，即 α 越大，则 Q_2 越大；反之，α 越小，则 Q_2 越小。授权商标的情感指数、授权品牌和原产品的粘合指数是影响被授权方产品需求量的重要因素，任何一个指数的值过低都将影响授权的成功与否。

如果授权商标的情感指数很高，但粘合度不高，将会导致品牌授权的失败。例如，上海海欣玩具有限公司为"猫扑制造"的被授权商，主要生产猫扑的毛绒玩具。该公司副总经理马俊仙表示，由于销售情况不理想，在两年的合同期结束后他们将不考虑续约。门户网站猫扑网拥有广大的爱好者，包括聊天室、网络电台、数码、游戏、魔兽世界等，本身的情感指数非常高。然而猫扑的形象非常酷，比较受男生喜欢；而海欣玩具公司生产的毛绒玩具是为小女孩设计的，品类定位为天真可爱。因此双方的品类粘合度非常低，最终导致品牌授权不成功。

如果粘合指数较高，但授权商标的情感指数不高，也会导致品牌授权的失败。例如，目前市场上有很多寻求加盟的厂家，许诺了非常优厚的条件，并且对其经营现状和发展前景做了非常好的宣传，但其品牌并没有真正得到消费者的认可，情感指数还处于非常低的水平。此类情况的品牌授权，即使品牌粘合度非常高（如生产同一种产品），成功的可能性也比较小。

4.2.2　企业各阶段产品的市场需求分析

下面运用品牌授权的粘合机制模型，结合企业各阶段的特点，对其产品的市场需求进行详细分析。

第一阶段假冒伪劣产品阶段。由于该阶段的产品为假冒伪劣、粗制滥造、偷工减料及使用有害物质的产品,人们对该类产品的真实需求为零①。

第二阶段产品质量合格阶段。该阶段的产品质量不存在问题,具有一定的使用价值,但仅限于具有使用功能的产品物质形态。此时产品的需求函数满足式(4.1),根据品牌经济学原理,$C_c = l(B_c) = l(b \cdot s)$,且 $\frac{dC_c}{dB_c} < 0$。在品牌策略正确的条件下(即 $s = 1$),消费者的选择成本取决于品牌品类度 b。由于该阶段同类产品之间具有同质性,因此 b 较小,进一步导致其品牌信用度 B_c 较小。此时,目标顾客对此类产品的选择成本较大,Q_1 较小。因此,在这个阶段,厂商处于完全竞争的市场中,市场需求量取决于其价格水平。价格越低的厂商,市场份额越大。然而,激烈的市场竞争将导致厂商之间的"价格战",最终使价格维持在边际成本处,在此情况下,企业几乎没有利润可言。

第三阶段即贴牌生产的阶段。该阶段通过授权品牌对原产品进行包装,使消费者能从外形上将该企业的产品与其他企业的产品区分开来,并对被授权产品产生了一定的好感。该阶段存在的问题可分为两种情况:第一,授权品牌的情感指数 a 较小。a 较小导致 E 较小,进而对 Q_2 的影响较小。第二,授权品牌与原产品的粘合度较小,即 α 较小。由上述分析可知 α 越小,则 Q_2 越小。因此该阶段产品的需求函数为:

$$Q_2 = \delta g(a)^\alpha f(P, C_c)^\beta \quad (4.5)$$

该阶段中小企业借助于已有品牌较高的情感利益,产品销售量有较大的提高。但借用别人的品牌,一方面要支付较高的品牌授权费,另一方面对自身产品理念的创新和发展有非常大的限制,因此,该阶段企业产品的需求量仍然有限。

第四阶段即自主品牌发展的阶段。企业有了自主品牌后,能够对品牌理念进行创新和改革,并且自由使用在各类商品上,扩大了市场需求空间。

---

① 此处不完全排除有需求假冒伪劣产品的消费者,以及人们在不知情的情况下购买该类产品。

第4章 品牌被授权方行为的经济分析

根据以上分析可以得到图4-1。其中，Q_1为假冒伪劣产品阶段企业面临的需求曲线；Q_2为贴牌生产阶段企业面临的需求曲线；Q_3为自主品牌阶段企业面临的需求曲线。如图4-1所示，在价格一定的情况下，当需求曲线为Q_1时，产品的需求量为Q；当原产品进入贴牌生产阶段时，产品的需求量上升为Q'；当原产品建立了自主品牌时，产品的需求量上升为Q''。换言之，销量和盈利能力都增加了，从而具备了更好的生存能力。

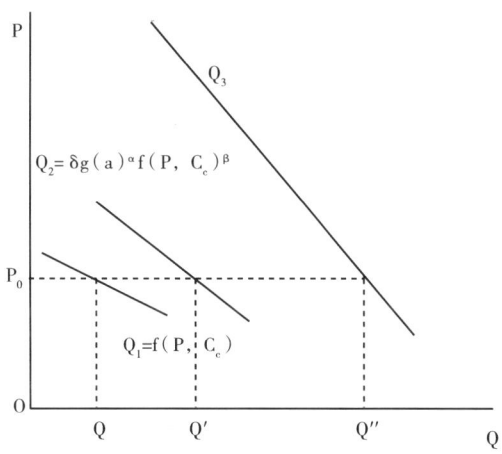

图4-1 被授权厂商各阶段需求曲线示意图

资料来源：作者绘制。

4.2.3 被授权厂商的利润分析

厂商以追求利润最大化为目的，通过采用他人的品牌提高自身产品的价格和销量是比较快捷的方法。然而我国有许多厂商由于没有正确选择授权方，不仅没有使本企业的销售业绩转好，反而导致了亏损，甚至倒闭。在图4-2中表现为Q_2曲线位于Q_1的左侧，即：

$$Q_2 - Q_1 < 0 \tag{4.6}$$

即$\delta g(a)^\alpha f(P,C_c)^\beta < f(P,C_c)$，将等式两边取对数得：

$$\ln\delta + \alpha\ln g(a) + \beta\ln f(P,C_c) < \ln f(P,C_c) \tag{4.7}$$

$$\delta g(a)^{\alpha} < f(P,C_c)^{1-\beta} \tag{4.8}$$

由 $\alpha + \beta = 1$，化解可得：

$$Q_1 > \delta^{\frac{1}{\alpha}} E \tag{4.9}$$

式（4.9）表明，当原产品的需求量大于 $\delta^{\frac{1}{\alpha}}E$ 时，授权后的需求曲线位于原来需求曲线的左侧，导致授权后企业倒闭。当原产品的需求量小于 $\delta^{\frac{1}{\alpha}}E$ 时，授权后的需求曲线位于原来需求曲线的右侧，但由于厂商需要支付一定比例的授权费，因此此时厂商的利润不一定增加。

假设企业规模报酬不变，原产品和授权后产品的利润分别由以下表示：

$$R_1 = Q_1 P - (C_f + C_v Q_1) \tag{4.10}$$

$$R_2 = Q_2 P - (C_f + C_v Q_2) - rQ_2 \tag{4.11}$$

其中，R_1 为企业出售原产品时获得的利润，R_2 为企业出售授权产品时获得的利润，C_f 为固定成本，C_v 为单位产品的可变成本，r 为授权费的比例。要使授权后厂商的利润增加，需要满足：

$$R_2 - R_1 = (P - C_v)(Q_2 - Q_1) - rQ_2 > 0 \tag{4.12}$$

该关系式可以从图 4-2 中直观地看出，Q_1 和 Q_2 分别为原产品和被授权产品的需求曲线，C 为成本，r 为授权费的比例。原产品的利润为销售收入减

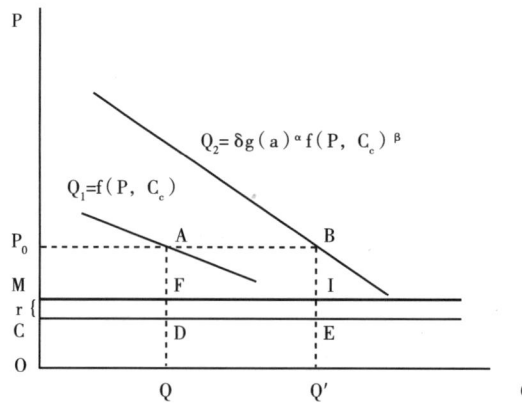

图 4-2 被授权厂商利润示意图

资料来源：作者绘制。

去成本，在图中表现为 P_0ADC 围成的四边形的面积。被授权产品的利润为销售收入减去成本和授权费用，此时为 P_0BIM 围成的四边形的面积。只有当出售被授权产品厂商获得的利润大于出售原产品获得的利润时，即四边形 AFIB 的面积大于四边形 MFDC 时，厂商才会选择授权。

4.3 被授权方的策略研究

企业在选择授权品牌时需要全面考虑，由以上分析可以看出，其中最主要的因素是授权品牌的情感指数及授权品牌与原产品的粘合指数。为此，本书为厂商选择品牌授权提出以下三点建议：

第一，始终注重产品质量。质量是品牌建设的"桶底"，若没有"桶底"，水桶一滴水也盛不了。不管是创建自主品牌还是被授权品牌，质量好不一定保证企业成功，质量不好却能使企业必定失败，因为在竞争条件下，即使顾客不清楚质量问题，但竞争对手的眼睛是雪亮的。如今授权方为维护自身品牌的信用度，对被授权方产品的质量有严格的检查监管[1]。因此生产符合产品质量法的产品既是对自身企业的发展负责，也是对授权品牌的负责。只有这样才能达到授权方和被授权方"双赢"的结果。

第二，重点考察两个指数。对情感指数及粘合指数的考察是授权过程中的重中之重，因为这两个指数直接关系到原产品被授权后的销售量，且两者缺一不可。若授权产品的情感指数不高，即该品牌带给人们的情感利益较少，则即使原产品与该品牌的粘合度很高也不会明显提高产品的销售量；若粘合指数不高，即原产品与授权品牌的情感利益不吻合，则即使授权品牌的情感指数很高也不会明显提高产品的销售量。

第三，通过品牌信用度测试，考查授权方的品牌信用度大小。被授权方要重点从目标顾客的精确性、利益承诺的单一性、单一利益的对立性、品牌建设的岗位性、单一利益的持久性、终端建设的稳定性、品类需求的敏感性、注册

---

[1] 如迪士尼消费品部零售与市场推广总监刘元说："正式成为迪士尼的授权商之前，我们会有一系列严格的考核，之后还会有阶段性的考核，以此来保障消费者购买到的迪士尼产品的质量"。

商标的单义性、媒体传播的公信性和质量信息的透明性等十个指标对授权方的品牌信用度进行考核。只有品牌信用度达到较高水平的品牌，才能考虑接受其品牌授权。考查的详细内容可以参见关于品牌信用评级的书籍①，也可以聘请专业品牌评估人士进行测试。

第四，通过品牌授权，促进自主品牌。接受授权品牌的经营方式适合于中小企业，因为这种方式解决了他们是否建设品牌的难题：若不建设品牌，企业根本无法生存；若建设品牌，许多中小企业又不掌握必要的知识和技能。如今已进入品牌竞争的时代，从短期来看，被授权企业借用他人品牌能快速而容易地盈利；但是从长期来看，企业要想持久发展，品牌资产是根本保障。

为此，可以通过品牌授权，促进自主品牌建设，例如，青岛海尔的第一阶段是引进德国利勃海尔，即琴岛—利勃海尔；第二阶段是琴岛海尔；第三阶段是海尔。在这个过程中，通过对家电用户的需求分析，确定了连续使用才是家电用户敏感的需求，也即在家电使用过程中，一旦出现故障，用户最需要的是快速服务。则海尔将快速服务作为自己的品牌承诺，并切实做到了这个承诺，时至今日，"海尔"这个商标，成为我国家电快速服务的代言，并完成了从借牌到创牌的成功转变。

4.4 本章小结

本章通过引入情感指数和粘合指数，建立了被授权厂商各阶段所面临的需求曲线。证明了在授权经营中，授权品牌的情感指数和授权品牌与原产品的粘合指数起着至关重要的作用，两者中任何一个出现问题都将导致被授权企业的失败。通过分析发现，当原产品因选择成本较大导致需求量较小时，厂商通过代理其他品牌可以使产品的需求曲线发生移动：若授权品牌情感指数或粘合指数较小，需求曲线可能向左移动，导致授权失败；若授权品牌的情感指数和粘

---

① 品牌信用度的测试方法和过程可详见孙日瑶、宋宪华著《品牌工程学》，经济科学出版社，2011年版。

合指数都较高，则需求曲线向外移动幅度大，在现实中表现为产品销量的快速提升。

随着金融危机的持续，我国珠三角地区的中小企业必须谨慎地对待每一个战略决策，否则可能导致非常严重的后果。在如此不景气的外部经济条件下，稍有不慎就可能使企业破产。因此，中小企业在选择授权方时，一方面要考虑该品牌对消费者的情感指数，另一方面要考虑该品牌与自身产品的粘合度问题。通过正确借用他人的品牌完成一定的资本积累以后，创建自己的品牌是企业进一步扩大并长期发展的唯一途径。

第5章 循环经济的三循环模型分析

在品牌经济学理论框架的指导下,我们发现,一个循环系统要持续稳定地发展,包括物质循环、价值循环以及品牌循环三方面的循环。物质循环是循环经济实现的技术条件,价值循环是循环经济实现的效益保障,品牌循环是循环经济持续发展的溢价保证。如图5-1所示。我们分别用 C_m 表示物质循环,C_t 表示价值循环,C_b 表示品牌循环,三循环是组成循环经济的重要内在循环机制,以下分别进行详细分析。

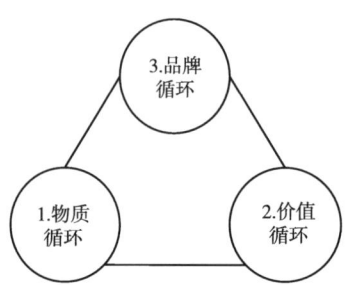

图5-1 循环经济的三循环模型

资料来源:作者绘制。

5.1 物质循环

5.1.1 物质循环的概念

物质循环以厂商为主导,要求厂商通过研发,从技术和工艺上实现物质资源的循环利用。该循环要求突破技术的制约使其生产函数得以实现，这是发展循环经济的前提条件和基本要求。

$$C_m = \gamma W_0 \tag{5.1}$$

其中，W_0 表示生产要素的初始投入量；γ 表示生产中的废弃系数，即循环体系中无法利用的废弃物总量占初始投入量的比例。用 W_i 表示循环系统第 i 种产品的产量，则 $\gamma = 1 - \frac{1}{W_0}\sum_{i=1}^{n} W_i$。$\gamma$ 系数越高，表示该循环系统废弃物利用率越低；γ 系数越低，表示该循环系统的物质循环情况较好。技术手段需要解决的就是将 γ 尽可能降低。因此，企业就要增加投资，则导致成本增加。

2011年12月10日，国家发展和改革委员会印发《大宗固体废物综合利用实施方案》，提出到2015年，大宗固体废物综合利用率达到50%，其中工业固体废物综合利用率达到72%（即废弃系数为28%）。废弃系数是衡量物质循环利用程度的重要变量。

以作物秸秆的循环利用为例，物质循环要求厂商通过一定的技术和工艺流程，将作物秸秆加工成有机肥并出售给农民，农民将有机肥施用到农田，收获粮食的同时将作物秸秆收集起来卖给生产厂商，由此进入秸秆利用的下一个循环。物质循环需要厂商从技术和工艺上保证物质的顺利转化，强调了科技力量在循环经济中的重要作用。

5.1.2 循环产品的生产标准研究

对国家而言，国际标准的竞争成为影响一国经济发展和国家战略实施的重要因素；对企业而言，标准已逐渐成为现代企业核心竞争力的来源之一。对于循环企业来说，在物质循环中对产品标准制定的高低直接影响了整个行业的发展。

5.1.2.1 标准与经济增长

德国标准化学会的会长 Bahke 曾指出，德国在2001年投入7.7亿欧元进行标准化建设，带来的经济效益达到160亿欧元。这意味着，德国标准化创造了 1/3 的国民经济增长。为保护本国相对弱势的产业,发达国家从环保、反倾销、反补贴等方面设置了新的非关税壁垒,也即标准壁垒,对我国出口产品提出了更苛刻的要求。因此,加强对标准化战略的实施,是影响我国经济增长水平的重要因素。索罗指出,技术进步是经济增长的主要推动力。然而,目前对技术进步的研究仍处于静态阶段,未阐明对技术进步的影响因素是什么。本书认为,技术进步更多地取决于标准的高低。在经济一体化的背景下,各个国家纷纷制定贸易政策和产业政策,以不断提高其国民生产的附加值。国家标准与经济增长之间的关系虽然还有待进一步明确,但现有研究和事实皆证明两者之间确实存在着紧密联系[①]。

第一,标准通过对进入壁垒和生产成本的影响,进而影响到市场结构。在一个行业中,标准设置的高低对其发展存在着极为重要的作用。行业中实行较高的标准,则能促进优质企业发展,淘汰落后企业;反之,如果标准设置较低,则纵容了落后企业,而优质企业受到制约甚至排挤。因为优质企业的高成本导致高价格,在消费者缺乏质量辨别手段的情况下,优质企业往往由于缺乏竞争力而被迫退出该行业。高标准意味着更多的投资,标准通过对产品数量和质量的要求,从而成为影响企业进入成本高低的重要因素。因此,标准的高低是影响一个行业企业数量的重要因素,为实现规模经济和网络外部性提供了机会。对于企业来说,积极参与标准的制定和推广,能在一定程度上降低研发的风险和成本,同时,也是提高其核心竞争力的重要手段。

标准越低,则厂商进入门槛越低,导致进入的厂商数量多,在市场上形成完全竞争,从而使每个厂商的利润率降低。如图 5-2 所示,标准高低与进入的厂商数量呈反比关系:当行业标准较低时(为 S_l),进入该行业的厂商数量较多(为 Q_1);当行业标准较高时(为 S_h),则厂商数量较少(为 Q_2)。

进一步的,厂商的利润公式可表示为:

$$\pi = PQ - (C_f + C_v) \tag{5.2}$$

其中,π 表示利润,P、Q 分别表示产品的价格和产量,C_f、C_v 分别表示

[①] 刘冰等(2008)采用 1987~2005 年的数据建立了协整方程分析,指出标准化与经济增长之间具有长期均衡关系。王耀中等(2007)通过对机械制造行业的分析,指出行业标准增量是进出口贸易增额的格兰杰原因。

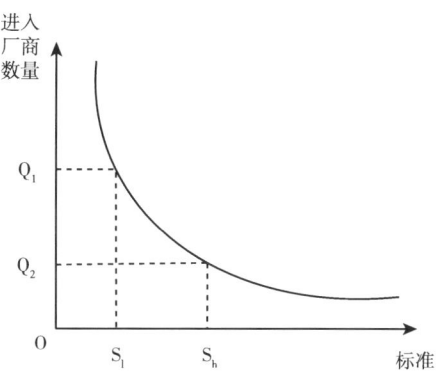

图 5-2　标准高低与厂商数量的关系

资料来源：作者绘制。

固定成本和变动成本。如果产品标准低，完全竞争的市场结构将导致产品的价格 P 降低，厂商在投资额一定的情况下（也即产量 Q 一定），提高其利润率的方法就是减少成本，也就出现了假冒伪劣产品，同时也抑制了技术创新和技术进步。

与此相反，近年来，以技术标准为导向的技术创新发展非常迅速。从企业角度来看，标准能使企业的专利和新产品创新的效用最大化，并且获得定价权。从产业角度来看，技术标准竞争逐渐成为市场竞争的高级形式，甚至在一定程度上主导了部分高技术产业领域的竞争。

第二，标准成为保护本国产业的一种非关税壁垒，在国际贸易中起着重要作用。在 WTO 协议中，规定成员方在贸易中应消除关税壁垒。然而，自 20 世纪 80 年代开始，发达国家加强了非关税壁垒设置的力度，其中技术标准壁垒占到 30% 以上。假设一国市场对某种产品的需求总量为 Q_m，由来自不同国家、使用不同标准的 n 个厂商的组成，即 $Q_m = \sum_{i=1}^{n} q_i$，且每个厂商的需求量为 $q_i = \alpha_i \cdot f(\cdot)$，其中，$\alpha_i$ 表示第 i 类标准的市场需求强度，也即市场容量或空间，可用对该标准有需求的消费者数量与总人数的比值来表示。若该国利用标准限制国外厂商产品的进入，则增加了本国厂商产品的市场需求强度 α_i，也即增加了本国产品的需求量。

近几年，我国有 60% 的出口企业遇到国外的技术标准壁垒，每年给我国带来的影响超过450亿美元，占年出口总额的25%以上（江振林，2010）。近来，发达国家利用自身经济优势，将标准竞争扩大到对环境保护要求、社会整体发展水平要求以及劳动者福利等方面，为我国产品的出口提出了更大的挑战。

5.1.2.2 标准与监督管理

标准的高低直接影响到企业成本的高低，标准要求越高，则企业的生产成本越高，反之标准越低，则企业的生产成本越低。那么，对单个企业来说，是否标准越低越好呢？答案是否定的。原因是，某种产品的生产标准较低意味着该行业的进入门槛较低，由此造成的直接结果是进入该行业的企业数量众多，导致竞争加剧。激烈的市场竞争往往使企业陷入价格战之中，使利润率降低。在此情况下，一些社会责任感较弱的企业通过成本收入分析，发现造假所获得收入大于守法经营的收入，因此一些企业采取造假行为获得高额利润。其决策公式如下：

$$造假净收益 = 造假收入 - 造假处罚成本 \times 被查处的概率 \quad (5.3)$$

当造假净收益大于零时，企业选择造假；当造假收益小于零时，成员选择诚实经营。根据造假决策公式，可以得出这样的分析。

如果行业标准较低，则企业竞争的数量越多，从而导致监管比较困难，造假被查处的概率比较低，甚至接近于0。当查处率非常小时，即使监管部门对造假行为制定很高的处罚，对于企业来说，其造假的处罚成本也非常小，而净收益大于零。因此，企业选择造假行为的可能性非常大。因此可以看出，被查处的概率大小是影响企业造假净收益的关键因素。而一个行业中的企业数量是决定被查处概率高低的重要因素，原因主要包括两方面：一是行业内部企业之间的相互监督机制。根据孙曰瑶、袁文华（2011），如果行业中的成员数量大于最优规模边界的数量，则监督机制失效，查处率将降低。二是抽查制度的设定。监管部门对企业的抽查是有成本的，在费用预算一定的条件下，行业中的企业数量越大，则抽查率将越低，最终导致查处率降低。为此，应将标准提高至一定水平，使行业中的企业数量控制在适当范围内，以确保查处率维持在较高水平。

5.1.2.3 循环产品标准制定的两种模式

标准的服务对象是谁？这是研究标准之争所要解决的首要问题。只有弄明白了这个问题，才能明确标准之争到底是争什么。标准在市场中的推行过程，可由图5-3简要描述：相关组织机构通过标准的设定对生产商的行为进行约束，厂商按照标准的规定制造产品，出售给消费者。不同机构、组织或单位设定的标准，由于所处的角度或考虑的方式不同，其制定的标准代表了不同群体的利益。根据所考虑的服务对象不同，标准的制定模式分为两种：一是基于消费者利益的角度来进行设置；二是基于生产商利益的角度来进行设置。

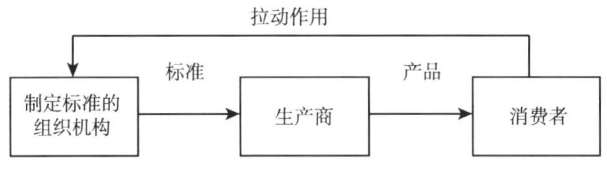

图5-3 标准的市场选择过程

资料来源：作者绘制。

（1）基于消费者利益的FDA模式。

基于消费者利益的模式是指，相关组织或机构通过制定一系列的标准，以规范厂商的行为、保证产品的质量，最终使消费者的利益得到保障。在市场交易中，由于信息不对称性，消费者如果要对产品的优劣做出正确判断，需要花费大量的时间成本和学习成本。标准通过对产品中各种成分含量等信息的规定，能大大地降低消费者的选择成本。因此，消费者在产品信息难以判断的情况下，转而通过其使用的标准衡量产品质量，往往在消费者购买决策中起着重要作用。

采用该模式获得市场较高认可的成功案例是美国食品和药物管理局（food and drug adimistration，FDA）。FDA是美国政府在健康与人类服务部（DHHS）和公共卫生部（PHS）中设立的执行机构之一，是一家科学管理机构，独立于企业，是最早以保护消费者为主要职能的联邦机构之一。该机构对食品、药品、化妆品、医疗器械等产品的质量要求制定了详细的标准。目前，通过FDA认证的产品，被公认为是对人体有效且能够确保安全的产品，是产品品质和效果的全球最高标准证明。因此,消费者在对同类产品进行比较购买时,不需要对产品的具体信息进行鉴别,而通过其使用标准的信用度高低来选择。从而简化了消费者的选择过程,降低了选择成本。

从图5-4来看,消费者在牛奶信息不完备的情况下,通过对其使用的标准进行选择,可以降低厂商的选择成本,对其产品销售产生较大的拉力作用。采取该模式的关键在于,标准制定方应保持独立性,防止被行业中的个别大企业或集团"绑架"。

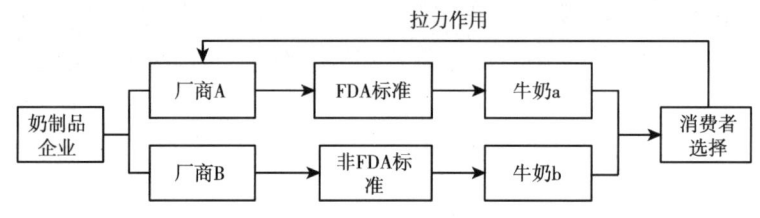

图5-4　FDA标准对消费者选择的影响

资料来源:作者绘制。

(2) 基于生产商利益的中国牛奶模式。

基于生产商利益的模式是指,相关组织或机构在制定标准时,以保证生产商利益为主要目的,而损伤了消费者的利益。该模式的典型案例是我国的牛奶标准。我国农业部在制定牛奶标准时,考虑到我国超过70%的奶农都是散户,为保证奶农和大型乳制品企业的利益,在制定乳业行业标准时规定,原奶细菌数允许最大值为200万个/毫升,而这被称为全球最差的牛奶标准。虽然该标准在行政力量的推动和掩护下,在中国实行了多年,但随着三鹿奶粉事件的出现,其中的问题显现出来,最终被消费者淘汰。

标准实质上是降低消费者选择成本的一种重要方式。标准及其符号被制定出来以后,直接使用者是生产商,但最终服务对象是消费者。不同机构、组织或单位设定的标准及其符号,由于所处的角度或考虑的方式不同,制定的标准及其符号代表了不同群体的利益。其中,消费者对标准及其符号的认可程度,决定其能够在多大范围内推行。例如,FDA凭借严格的产品标准和检验过程,被全球消费者认可,因此在全球范围内获得了推广。与此相反,中国牛奶标准在暴露出问题后,很快被消费者所摒弃。同样,我国电动自行车标准不符合消费者的需求，被市场所淘汰。

因此，标准之争实质上是对消费需求的竞争。如果一个标准率先达到足以形成标准的临界容量和潜在需求，则可以利用网络经济效应、需求者联合进行偏向消费、需求贴现效应、价值链提升效应以及直接经济效应等途径，大大提高在标准竞争中获得胜利的机会（江振林，2010）。所谓网络效应，一方面指生产者和消费者更偏好于选择那些被他人广泛选择的产品或系统，网络产品一旦达到临界容量，则形成自增强的正反馈效应；另一方面，如果生产者和消费者放弃原产品或系统，重新选择新产品时，需要面临较高的转换成本（Farrell and Shapiro，1988）。

如图 5-5 所示，假设产生标准需求的消费者数量为 Q_0。在此情况下，市场中出现了 n 种标准，记为 $S=\{S_1,S_2,\cdots,S_n\}$。消费者通过对众多标准的比较后，最终选择使用一个满足自身利益的标准。而在此过程中，最先达到足以形成标准的临界容量的标准 S_k，将成为引领整个行业的标准。

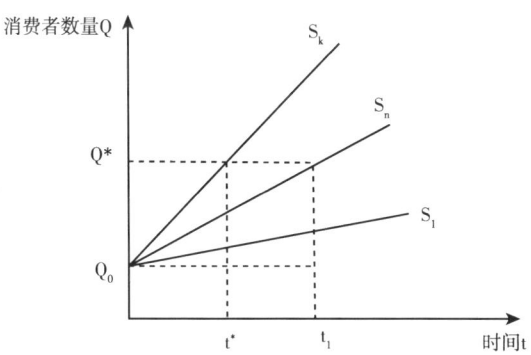

图 5-5 标准竞争的过程示意图

资料来源：作者绘制。

以我国电动自行车标准为例，目前市场上对大于 20 千米/小时标准的需求，已经到达 Q_0 以上的状态。标准制定机构（包括国家、地方政府、行业协会和企业）制定的不同标准想要成为整个行业的标准，必须率先使其用户数量达到临界容量 Q^*。

5.1.2.4 标准竞争的选择成本分析

从以上分析可以看出，需求方对标准的选择是影响标准形成的重要因素。

那么，消费者是如何对标准进行选择的呢？消费者在购买产品时，为了获取品牌信息所花费的费用为交易费用；通过交易费用获得了一组品牌信息之后，从中选择一个品牌进行购买所花费的费用为选择成本（孙曰瑶，2006）。随着商品的爆发式增长和信息的大量过剩，人们获取品牌信息的交易费用不断增加。科斯等学者提出了交易费用的概念，但对于如何降低交易费用却没有给出答案。品牌经济学认为，通过降低消费者的选择成本，可以降低交易费用。

假设消费者花费一定的交易费用后，获得一组标准集合 $S=\{S_1,S_2,\cdots,S_n\}$；然后，通过两两比较，花费一定的选择成本后，最终从该集合中确定选购的标准。如果某个标准以消费者的利益为重来进行设置，并且具有较高的信用度（如 FDA），则消费者在购买时面临使用 FDA 标准和其他标准的产品，会直接选择前者。这个选择过程不仅节约了消费者的选择成本，同时，交易费用也因此完全降低为零。

由此，将选择成本要素引入标准的需求函数中，可得到以下关系：

$$q_i = \alpha_i \cdot f(P_i, C_{ci}) \quad i=1,2,\cdots,n \tag{5.4}$$

其中，q_i 表示使用第 i 类标准生产该类产品的需求数量，P_i 表示使用第 i 类标准的产品价格，C_{ci} 表示消费者选择和购买第 i 类标准的产品所花费的选择成本。α_i 表示第 i 类标准的市场需求强度，也即市场容量或空间，可用对该标准有需求的消费者数量与总人数的比值来表示。α_i 为外生变量，表示标准的市场需求强度不受厂商的控制，而随着技术等因素的变化而改变。在一定时期内，标准的市场需求强度系数是相对稳定的。以电视机行业为例，电视机从黑白到彩色，再到立体效果的不同阶段，每个时期对标准内容的需求不同，同时，随着更先进技术的出现，市场对原有标准的需求强度迅速降低，甚至为零。标准的市场需求强度 α_i 可进一步表示为：

$$\alpha_i = \frac{m_i}{N} \quad i=1,2,\cdots,n \tag{5.5}$$

其中，m_i 表示第 i 类标准所代表的最终消费者的数量，N 表示总人数，且两者之间的关系可表示为 $N = \sum_{i=1}^{n} m_i$。另外，α_i 的取值范围为 $\alpha_i \in [0,1]$。

根据经济学和品牌经济学的相关原理，式（5.2）满足以下关系：

$$\frac{\partial q_i}{\partial \alpha_i} > 0, \frac{\partial^2 q_i}{\partial \alpha_i^2} < 0 \tag{5.6}$$

$$\frac{\partial q_i}{\partial P_i} < 0, \frac{\partial^2 q_i}{\partial P_i^2} < 0 \tag{5.7}$$

$$\frac{\partial q_i}{\partial C_{ci}} < 0, \frac{\partial^2 q_i}{\partial C_{ci}^2} < 0 \tag{5.8}$$

由此可以看出,标准的需求数量 q_i 与市场需求强度呈正比关系,与产品价格呈反比关系,与消费者的选择成本呈反比关系。对于标准制定者而言,市场需求强度和产品价格都是其不能控制的,而唯一能控制的变量为标准的选择成本。如果标准的选择成本降低,则需求量提高;反之,如果标准的选择成本增加,则需求量降低。因此,在标准竞争中,为使消费者数量快速提升至 Q_0,降低消费者的选择成本是最为关键的因素。选择成本和标准的需求量之间的关系如图 5-6 所示,选择成本的关系为 $C_{c1} > C_{c2}$,则其对应的需求量的关系为 $q_1 < q_2$。

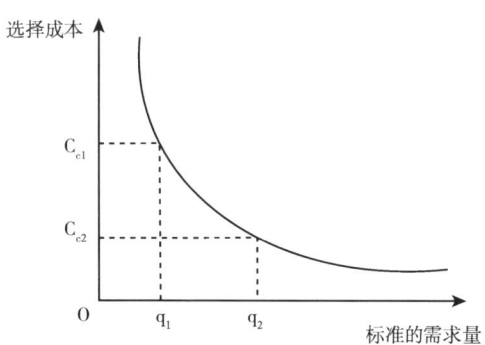

图 5-6 标准需求量和选择成本的关系

资料来源:作者绘制。

5.1.2.5 循环产品标准发展的建议

在世界范围内的标准之争中,中国政府和企业不断利用自身市场容量优势,努力打造新的技术标准以便在全球市场中获得优势地位。本书在技术水平一定的假设条件下,对什么样的标准能在行业中较快推行,并有利于行业发展的问题,进行了详细分析。标准实质上是降低消费者选择成本的一种重要方式。标准被制定出来以后，直接使用者是生产商，但其最终服务对象是消费者。标准的制定模式分为两种：一是基于消费者利益的 FDA 模式，二是基于生产商利益的中国牛奶模式。只有以消费者需求为导向的标准才能获得市场的长久认可，标准之争实质上是对消费需求的竞争。因此，市场对标准的选择决定了其发展空间，标准之争实质上是对消费需求的竞争。如果一个标准率先达到足以形成标准的临界容量和潜在需求，则大大提高了其在标准竞争中获得胜利的机会。故而，建立选择成本较低的标准，是获得市场认可的有效办法。

标准的最终服务对象是消费者，因此决定一项标准推广范围大小的关键因素是消费者对该标准的认可程度。标准往往涉及专业知识，如果消费者对其内容进行研究，需要花费大量的交易成本和选择成本。因此，将代表标准的抽象符号（如 FDA、ISO9000 等），转变为一个信用度较高的品牌符号，是降低消费者选择成本的有效方法。为此，在理论分析的基础上，本书为我国循环产品标准的发展提出以下五点建议：

第一，积极与国际标准接轨，采用国外循环产品先进合理的标准制度。采取国际上先进的标准是促进企业技术进步、提高产品质量的有效方法，也是加快企业与国际接轨的重要策略。中国从事 OEM 生产模式的企业众多，但随着劳动力价格优势的减弱以及国际竞争的进一步加剧，中国企业走向国际化的阻力不断加大。据相关报道，中国已超越德国，成为世界第一出口大国，出口量占全球出口总量份额为 10.4%。我国加入世贸组织（WTO）后，关税降低和多边贸易规则给出口企业带来了较大便利，但同时也受到各国政府其他措施的阻碍，其中标准壁垒成为出口企业发展重要方面。因此，积极采用先进标准是我国企业融入国际竞争的重要保障。

第二，我国相关机构在设置标准时，应以消费者利益为导向。标准要获得成功，得到消费者的广泛认可是关键。不管采取哪种方式，在标准的制定过程中，应该在保障消费者的利益为核心的基础上，全面征询生产商、消费者以及意见参考方的意见。每个群体有自己的观点和方案，只有综合各方的意见，才能制定出合理的标准。同时，应避免出现某个公司或公司联盟，对标准的制定和执行过程起着决定性的干扰作用。否则，标准就可能偏离其宗旨，脱离了消费者,转而服务于生产商。同时,要使相关机构在制定标准时以消费者利益为导向,其前提条件就是保持机构的独立性。例如,近来饮用瓶装水的标准低于自来水标准的问题受到很大关注,造成瓶装水标准低的原因在于,各个地方标准的制定受到当地企业的左右,不能独立客观地以消费者利益为出发点。违背消费者利益的产品终将被市场淘汰,相应的标准推广也受到制约。

第三,重视国内先进标准的培训,设立中国标准培训推广基金。在推广方面,应对国内先进标准进行宣传,并设立培训机构。市场中已存在一个推广范围较大的标准,大量的供应商和消费者都采取这种标准时,短时期内,想要成功推行另一种新标准可采取的办法包括:一是在现行的标准基础上,开发出一套选择成本更低的新标准;二是先在一定市场范围内建立并使用新标准,当该标准的消费者需求数量达到临界值后,再向更大范围内推广。中国应利用自身市场容量的规模优势,准确定位国内市场的需求,在本国市场快速增长的基础上,再向国际市场推广和扩张。培训的目的在于降低消费者获取该标准时所需要花费的交易成本。同时,应设立中国标准培训推广基金,为自主标准的制定和推行提供金融支持。

第四,鼓励对国内先进循环产品标准进行推广,对做出贡献的团体进行奖励。对在国际上推行标准成功的企业或团体设置奖励,一方面提高对该工作的重视程度和参与积极性;另一方面,通过成功案例的宣传,能够树立榜样,提高自主标准创新和推广的信心。例如,中国路桥代交通部负责审查的首批公路行业标准规范,大力促进了中国标准的国际应用和中国品牌的地位提升,是我国自主标准推广成功的典型案例之一,通过对该公司的嘉奖,能够为其他企业和团体起到很好的带头作用和示范效应。

第五,保证行业协会的有效运行,设置内部剔出机制[①]。剔出机制能加强成员之间的监督效果,从而保障协会的有效运行。在标准的制定和推广过程中,应充分发挥企业联盟、行业协会的作用,建立选择成本较低的标准。在自主标准战略的实施过程中,企业联盟和行业协会是标准制定和实施的重要主体,要使其发挥积极作用,应注意:一是转变行业协会的盈利模式,让其职能

---

① 行业协会的提出机制,是指在协会成员的相互监督过程中,若发现某个成员违反了组织的规章制度,协会将违规成员剔除出该组织。

得到真正发挥①；二是充分发挥企业和企业联盟的作用，鼓励其研究和开发出消费者选择成本更低的行业新标准；三是行业协会应该为企业创立自主标准提供及时有效的信息和指导。

5.2 价值循环

5.2.1 价值循环的概念

价值循环以消费者为主导，是指循环经济企业的产品得到消费者的认可，其销售收入弥补生产成本后，有一定的利润使企业能够正常运营下去。

$$C_{t1} = P_0 \cdot Q_0 - (c_v + c_f) \tag{5.9}$$

$$C_{t2} = P \cdot Q - (c_v + c_f + c_s) \tag{5.10}$$

式（5.9）和式（5.10）分别表示非循环企业和循环企业的价值循环。其中，P、Q分别表示产品的价格和产量，c_v、c_f分别表示生产的固定成本和变动成本，c_s表示物质循环利用过程中的额外成本。

从以上两式的对比可以看出，循环经济企业的成本较非循环企业的高出c_s，而其产品在物质功能上基本具有同质性。因此，在市场竞争中，如果循环企业提高产品价格（$P > P_0$），则其市场需求量将减少（$Q < Q_0$）；如果保持价格与非循环企业的价格一致，则循环企业又会因为较高的成本，导致价值循环不能顺利实现，这是限制企业发展循环经济的市场原因。

从技术和工艺上实现了物质循环只是循环经济发展第一步，如何以高于同类产品的价格将产品销售出去，实现从企业生产到市场交换的价值循环，则是决定该循环体系能否持续下去的经济因素。因此，企业的任务是如何获得循环经济所生产出的产品定价权，也即如何在高于市场均衡价格的条件下提高产品销售量。循环生产所获得的产品，最终是通过市场来得到消费者的选择，故要解决循环经济的价值循环，就需要引入品牌经济学。

---

① 袁文华，孙曰瑶. 行业协会有效性的品牌经济学研究 [J]. 贵州财经学院学报，2012（2）.

5.2.2 实现价值循环的路径研究

价值循环是实现循环经济的决定性因素，只有价值循环得以实现，循环系统才能持续稳定的发展下去。循环经济本质上是一种生态经济，不以单纯地追求利润最大化为目的，而是强调绿色 GDP 在经济发展过程中的重要性。从品牌经济学角度来看，产品定价权的大小，也即品牌溢价能力的高低，是实现价值循环的重要路径。

5.2.2.1 循环企业的品牌溢价能力

所谓品牌溢价发展方式，是指在产品物质利益相同的条件下，所获得的超过同类产品价格的能力。随着人们对生态文明社会建设的重视，单位国内生产总值能耗成为衡量经济结构和能源利用效率之间关系的重要指标。单位国内生产总值能耗，指一定时期内一个国家（地区）每生产一个单位的国内（地区）生产总值所消耗的能源。单位 GDP 能耗越低，则对环境的依赖程度越低，资源利用率越高；反之亦然。因此，单位 GDP 能耗是影响生态文明建设的重要指标。为节能减排，建设环境友好型社会，我国"十二五"规划纲要明确提出，到 2015 年，全国单位国内生产总值能耗要比 2010 年降低 16%。

对于工业企业来说，如何降低单位产值能耗是影响节能减排的关键因素。用 λ 表示单位产值能耗，企业单位产值能耗可表示为 $\lambda = c/P$。其中 P 表示单位产品的价格，c 表示单位成本，包括固定成本、变动成本以及碳排放等造成的环境成本。从表达式可以看出，降低单位成本能耗的方法包括降低成本和提高价格。国家大力提倡节能减排策略，则是试图通过减少成本来降低单位产值的能耗，然而，降低成本不仅需要大量的科技投入和设备购买成本，而且成本的降低程度是比较有限的。对于循环企业来说，由于额外成本 c_s 的存在，成本降低的可能性更低。通过提高产品价格来降低单位产值能耗，则是通过品牌溢价的方式使单位成本获得更高的收益，需要正确的品牌建设策略指导，并且溢价能力随着品牌信用度的提升可以不断提高。

5.2.2.2 品牌溢价对消费者的选择行为影响分析

新古典经济学认为，产品的价格上升，则需求量减少；反之，价格降低，需求量增加。然而，从现实中来看，价格的高低与产品需求量之前的关系并不总是存在这样的关系。例如，1982 年丰田和通用在美国合资一家叫 NUMMI 的汽车公司，该公司 1989 年投产相同的两种轿车，取名分别是丰田 Corolla 和通用 Geo Prizm。1990~1994 年，两者制造成本相同，都为 10300 美元，丰田 Corolla 出厂价为 11100 美元，售出了 20 万辆。通用 Geo Prizm 出厂价为 10700 美元，售出了 8 万辆。可以看出，丰田和通用两家公司在产品质量相同，且成本（包括对环境的利用效率）一致的情况下，品牌溢价能力的不同导致两家公司的收益差距很大。

在产品质量相同的情况下，引入品牌所带来的情感利益不同，较大限度地影响了消费者对产品价值评价的差异，从而影响了消费者的选择行为。因此，在产品质量相同的条件下，高价格产品的需求量不一定小于低价格的，由此带来了较高的品牌溢价。品牌溢价对消费者的选择行为影响路径分析如下：

假设两个厂商 1 和厂商 2 生产同类产品，分别为 x_1 和 x_2，且生产成本相同，即 $c_1 = c_2 = c$。两家厂商的产品在功能和质量上具有同质性，也即带给消费者物质利益相同；但厂商 1 的品牌信用度高于厂商 2，导致消费者对两种产品的价值评价不同：设消费者对产品 x_1 的价值评价为 v，且服从 [0，1] 的均匀分布，消费者对产品 x_2 的价值评价是产品 x_1 的折扣 α，0 < α < 1。产品 x_1 和 x_2 的定价分别为 P_1 和 P_2，且 $P_1 > P_2$。在此假设基础上，消费者购买产品 x_1 和 x_2 的效用分别为：

$$U_1 = v - P_1 \tag{5.11}$$

$$U_2 = \alpha v - P_2 \tag{5.12}$$

消费者在对两种产品进行选择时，取决于对以上两式的比较：当 $U_1 > U_2$ 时，消费者选择购买产品 x_1；反之，则选择购买产品 x_2。假设消费者对两种产品的价值评价一定，则产品的价格 P_1 和 P_2 决定了消费者的效用水平，进而决定了消费者的选择行为。根据厂商的定价高低，可分为以下两种情况进行讨论。

第5章 循环经济的三循环模型分析

（1）当 $\alpha P_1 < P_2 < P_1$ 时，即品牌信用度较高的厂商1制定的价格较低，或者是厂商2制定的价格较高。根据关系式 $\alpha v - P_2 < \alpha v - \alpha P_1 = \alpha(V - P_1) < V - P_1$，可得 $U_2 < U_1$，换言之，在该定价关系下，消费者购买产品 x_2 的效用一定小于 x_1。此时，消费者对两种产品的偏好为 $x_1 > x_2$。在该情况下，消费者对产品 x_2 的需求为 0。

假设共有 n 名消费者，其中购买 x_1 的比例是认为该产品效用大于 0 的概率，可表示为 $p\{U_1 > 0\} = p\{V - P_1 > 0\} = p\{V > P_1\}$。由于 v 服从 [0, 1] 的均匀分布，可得出消费者对产品 x_1 的需求为 $q_1 = (1 - P_1)n$。此时，厂商1的最优生产决策模型可表示为：

$$\max_{P_1} \pi_1 = q_1(P_1 - c) \tag{5.13}$$

将 q_1 的表达式代入式（5.13）后，通过求解最优解，得到最优定价、最优销量和最优利润分别为：$P_1^* = \dfrac{1+c}{2}$，$q_1^* = \dfrac{(1-c)n}{2}$，$\pi_1^* = \dfrac{(1-c)^2 n}{4}$。

由此可以看出，在假设条件下，若品牌信用度较高的厂商制定相对较低的价格，则需求量增幅非常大；反之，若品牌信用度较低的厂商制定相对较高的价格，则其需求量迅速降低。换言之，厂商的价格在此区间范围内，需求的价格弹性较大。现实中，这种方法经常被在位厂商用于排挤新进入者时所采用，在位厂商的品牌信用度一般高于新进入厂商，通过一定的降价可迅速占领更大的市场份额。

结论5.1：品牌信用度不同的两家厂商，在生产成本相同且产品同质的条件下，如果制定的价格差距小于其价值评价的悬殊，消费者会选择品牌信用度较高且价格较高的产品。换言之，品牌信用度较高的产品，可以制定高价格来获得品牌溢价收入，同时厂商的单位产值能耗降低幅度较大。

（2）当 $c < P_2 < \alpha P_1$ 时，即厂商2制定了较低的价格，或者是厂商1制定了较高的价格。此时两种产品的效用之间可能存在 $U_1 > U_2$ 或 $U_1 \leq U_2$ 的关系，讨论如下：

如果 $U_1 > U_2$，表示 x_1 的效用大于 x_2，消费者选择 x_1 的比例为 $p\{U_1 > U_2\} = p\{V - P_1 > \alpha v - P_2\} = p\left\{V > \dfrac{P_1 - P_2}{1 - \alpha}\right\}$。由于 v 服从 [0, 1] 的均匀分布，

则 $p\{U_1 > U_2\} = 1 - \dfrac{P_1 - P_2}{1 - \alpha}$，进一步得出消费者对 x_1 的需求为 $q_1 = \left(1 - \dfrac{P_1 - P_2}{1 - \alpha}\right)n$。构建最优化模型 $\max\limits_{P_1}\pi_1 = q_1(P_1 - c) = \left(1 - \dfrac{P_1 - P_2}{1 - \alpha}\right)n(P_1 - c)$，由最优化条件 $\dfrac{\partial \pi_1}{\partial P_1} = 0$ 可得出满足最优生产条件的价格关系：

$$2P_1 - P_2 = 1 - \alpha + c \tag{5.14}$$

如果 $U_1 \leqslant U_2$，表示 x_1 的效用小于等于 x_2，对价格比较敏感的消费者会选择购买产品 x_2，且概率为：

$$\begin{aligned}p\{(U_1 \leqslant U_2) \cap (U_2 > 0)\} &= p\{(V - P_1 \leqslant \alpha v - P_2) \cap (\alpha v - P_2)\}\\ &= p\left\{\dfrac{P_2}{\alpha} < v \leqslant \dfrac{P_1 - P_2}{1 - \alpha}\right\} = \left(1 - \dfrac{P_2}{\alpha}\right) - \left(1 - \dfrac{P_1 - P_2}{1 - \alpha}\right) = \dfrac{\alpha P_1 - P_2}{(1 - \alpha)\alpha}\end{aligned} \tag{5.15}$$

由此可求得消费者对 x_1 的需求为 $q_2 = \dfrac{(\alpha P_1 - P_2)n}{(1 - \alpha)\alpha}$。构建厂商 2 的最优化模型 $\max\limits_{P_2}\pi_2 = q_2(P_2 - c) = \dfrac{(\alpha P_1 - P_2)n}{(1 - \alpha)\alpha}(P_2 - c)$，由最优化条件 $\dfrac{\partial \pi_2}{\partial P_2} = 0$ 得出满足最优生产条件的价格关系：

$$\alpha P_1 - P_2 + c = 0 \tag{5.16}$$

由方程（5.6）和方程（5.7）可解得满足厂商 1 和厂商 2 的最优化价格分别为 $P_1^{**} = \dfrac{2 - 2\alpha + 3c}{4 - \alpha}$，$P_2^{**} = \dfrac{\alpha - \alpha^2 + c\alpha + 2c}{4 - \alpha}$。在此基础上可解得相应的最优产量和最大化利润分别为：$q_1^{**} = \dfrac{2 - c}{4 - \alpha}$，$q_2^{**} = \dfrac{\alpha - 2c}{(4 - \alpha)\alpha}$；$\pi_1^{**} = \dfrac{(2 - c)^2(1 - \alpha)}{(4 - \alpha)^2}$，$\pi_2^{**} = \dfrac{(\alpha - 2c)^2(1 - \alpha)}{(4 - \alpha)^2\alpha}$。

在该情况下，两家厂商的价格差距大于两者之间的价值评价悬殊，也即品牌信用度较低的厂商制定了较低的价格（或者品牌信用度较高的厂商制定了较高的价格）。此时，$\pi_2^{**} - \pi_1^{**} > 0$，也即品牌信用度较低的厂商通过降低价格，增加了产品需求量，从而提高了利润额，这便体现为规模增长。然而，该方式成立的条件是 $\alpha P_1 > c$，一旦品牌信用度较高的厂商调低价格（即 P_1 降低），或者两厂商产品之间的价值评价差距加大（即 α 降低），可能导致 $\alpha P_1 < c$，则低信用度厂商的规模优势将完全消失。

结论 5.2：在两家厂商的价格差距大于两者之间的价值评价悬殊的情况下，品牌信用度较低的厂商可通过进一步降低价格来扩大需求量，也即通过规模经济来提高厂商的利润。换言之，品牌信用度较低的产品，只能降低价格才能获得更高的收入，因此该类厂商减少单位产值能耗的办法只能是降低成本。

进一步的，根据利润最大化的表达式，可计算出 α 与厂商利润之间的关系为：$\frac{\partial \pi_1^{**}}{\partial \alpha} < 0, \frac{\partial \pi_2^{**}}{\partial \alpha} > 0$，也即当 α 减小时，厂商 1 的最大化利润增加，而厂商 2 的最大化利润则下降；反之亦然。

结论 5.3：品牌信用度的大小通过影响消费者对产品的价值评价，进而对厂商的最大化利润起着决定性作用，因此是品牌溢价的关键因素。

从以上分析可以看出，品牌信用度是影响厂商溢价能力的关键因素；当厂商处于起步阶段，品牌信用度较低时，可制定较低的价格获得规模效益，此时单位产值能耗较高；厂商通过正确的品牌建设策略提升品牌信用度后，可提高产品价格获得较高的品牌溢价，此时企业单位产值能耗降低。我国有较多的企业通过低价占领市场，已经通过规模效益完成了第一阶段的任务，但由于缺乏品牌建设的意识和管理经验，品牌溢价能力还比较薄弱。

5.2.2.3 汽车企业品牌溢价能力比较

在对消费者购买行为研究的基础上，本书以汽车制造企业为例，进一步阐述品牌溢价对生态文明建设的作用关系。以丰田威驰和吉利美日系列车为例，这两款汽车同样使用丰田 8A 发动机，在质量方面具有一定的同质特性。2002 年 12 月，丰田对吉利提起诉讼，诉讼内容主要包括：一是商标侵权，丰田公司认为吉利的美日汽车商标有模仿丰田商标之嫌；二是吉利使用的发动机并非真正丰田的 8A 发动机。法院经调查后驳回丰田的诉讼，换言之，吉利美日汽车与丰田威驰在发动机等主要设备和质量方面较为相似，同时成本也相似。然而，从市场定价来看，两者价格差距较大。根据上述模型，将威驰和美日分别设为厂商 1 和厂商 2。从 2003 年销售数据来看，$P_1 = 10$ 万/辆，$P_2 = 5.8$ 万/辆；$q_1 = 2.7$ 万辆，$q_2 = 5$ 万辆。根据《品牌工程学》对两者当时的品牌信用度进行测评①,威驰和美日在 2003 年时的品牌信用度分别为 $B_c^1 = 0.54$、$B_c^2 = 0.32$,则可得出 $\alpha = \dfrac{B_c^2}{B_c^1} = 0.6$。从两者定价来看,$P_2 < \alpha P_1$,因此属于上述第二种情况。两家公司单位产值能耗分别为 $\lambda_1 = \dfrac{P_1}{C} = \dfrac{1 \times 10^5}{C}$,$\lambda_2 = \dfrac{P_2}{C} = \dfrac{5.8 \times 10^4}{C}$。在成本相同的条件下,$\lambda_1 < \lambda_2$,也即威驰的单位产值能耗远远低于美日。另外,从实际销售数据来看,两者的销售额分别是:

$$R_1 = P_1 \cdot q_1 = 1 \times 10^5 \times 2.7 \times 10^4 = 2.7 \times 10^9 \quad (5.17)$$

$$R_2 = P_2 \cdot q_2 = 5.8 \times 10^4 \times 5 \times 10^4 = 2.9 \times 10^{10} \quad (5.18)$$

由以上两式比较可知,$R_2 > R_1$,说明吉利美日采取低价策略获得了规模效益。

造成这种情况的根本原因是,相比于两者的品牌信用度来说,美日制定了较低的价格,或者说威驰制定的价格过高。于是,2005 年丰田大幅下调威驰在全国的市场价格,降幅达到 2 万元左右,最低价格跌破 9 万元②。在此期间,两者的品牌信用度变化较小,也即 $\alpha_1 = 0.6$,此时 $P_2 > \alpha P_1$,属于上述第一种情况。从实际销售量来看,威驰的销量增加,2007 年、2008 年的产量分别为 3.96 万辆、3067 万辆;而美日的销售受到限制,于 2008 年年底停产。

5.2.2.4 提高品牌溢价能力的策略分析

产品溢价能力直接关系到循环企业价值循环能否实现,同时,也影响到企业单位产值能耗的大小,是建设生态文明社会的关键因素。而我国循环企业的品牌溢价能力较为薄弱,为此,本书在理论分析的基础上,提出以下三点建议:

第一,评估竞争者和自身产品的品牌信用度,制定合理的价格。正确地进行品牌信用度评价,是了解消费者对产品价值评估的重要方法,也是制定合理价格的前提条件。当企业处于起步阶段,品牌信用度较低时,可制定较低价

---

① 孙曰瑶、宋宪华于 2012 年著《品牌工程学》一书,对品牌信用度的评价步骤和测量方法进行了详细论述。

② 赵正. 丰田降价背后的品牌误区. 中国工商报,2005 - 01 - 18.

格，利用规模效益的优势完成原始资本积累，此时单位产值能耗较高；当企业品牌信用度逐步提升，可制定较高的价格，获得较高的品牌溢价，此时单位产值能耗迅速降低。相反，如果错误地估计竞争者和自身产品的品牌信用度，则不利于企业的发展和单位产值能耗的降低。

第二，重视产品品牌信用度的建设，提高消费者对产品的价值评估。品牌信用度通过降低消费者的寻找成本，提高选择效率。品牌信用度的高低直接影响了消费者对产品的价值评估大小，也是影响品牌溢价的关键因素。企业在制定发展战略的过程中，应以提升品牌信用度为核心目标，选择正确的品牌建设策略。品牌信用度建设的首要任务是明确产品的目标顾客，并对目标顾客的购买行为进行细致的调研和描述，在此基础上提出目标顾客敏感的单一利益点。同时注重品牌建设的岗位性、商标注册的单义性以及质量信息的透明性等指标[①]。

第三，积极自主创新，开辟蓝海品类市场。在世界经济全球化的背景下，各个行业的竞争非常激烈，产品同质化的现象也越来越严重。注重产品情感利益的培养，开辟新品类的蓝海市场是避免同质化的重要途径。在有强势在位者的情况下，企业应采取与竞争者品类对立的策略，避免与在位者的直接竞争。

5.3　品牌循环

5.3.1　品牌循环的概念

品牌循环是指企业通过品牌建设策略获得较高的品牌信用度后，通过将品牌形象授权给生产其他类别产品的企业，从而获取授权费的溢价效应。品牌授权使企业突破了对资源的依赖和限制，扩大企业的盈利能力。品牌授权是目前发展迅速的一种商业模式，但品牌授权也是一个要求较高、存在风险的行为。品牌循环使企业从资源依赖转向品牌依赖，是循环经济发展的高级形式。

---

① 品牌信用度建设的具体指标详见孙曰瑶、宋宪华 2012 年所著《品牌工程学》一书。

品牌授权是指将已有品牌运用于不同质（满足消费者不同的物质利益）的新类别产品。品牌授权对企业的品牌建设要求较高。一般来看，只有通过一系列的品牌建设策略将该公司的名称或标志性符号转化为某种"快乐"情感时，该形象才具有授权于其他类别产品的能力。例如，米老鼠在其形象诞生以后，通过117个有趣的故事让人们认识他，为人们所钟爱和信任，成为"快乐"的代言或象征，从而米老鼠的品牌授权取得了巨大成功。然而，一个企业想要成为某种情感的代言，需要较长的时间和较高的品牌建设投入。循环企业在其发展过程中，可通过不同的授权方式获得较快的发展。

$$C_b = \begin{cases} \alpha \sum_{i=1}^{n} \Delta(P_i \cdot Q_i) = a \sum_{i=1}^{n} (P_{iL} \cdot Q_{iL} - P_{i0} \cdot Q_{i0}) & (0.59 < TBCI < 0.8) \\ \beta \sum_{i=1}^{n} P_{iL} \cdot Q_{iL} & (TBCI \geq 0.8) \end{cases}$$

(5.19)

其中，α、β为授权费比例；P_{i0}、Q_{i0}和P_{iL}、Q_{iL}分别是被授权方获得授权资格前后的产品价格和销售数量；TBCI表示循环经济获得产品的商标的品牌信用评级[①]。

式（5.19）表明，当循环企业的品牌信用度小于等于0.59时，此时该企业的商标还未转换为目标顾客选择成本为零的品牌。换言之，该商标还未成为绿色、环保等形象的代言，因此，被授权方接受其品牌授权的风险较高。在该情况下，为减少被授权费的风险，同时保证循环企业的快速稳定发展，可以授权后增加的销售收入为基数收取授权费。当经过品牌建设，循环企业的品牌信用度上升到0.8以上时，此时该商标完全成为某种情感的代言，进行授权的风险较小，此时可采取销售收入直接提成的策略。

---

① 《品牌工程学》中对品牌信用度评价的十个指标包括目标顾客的精确性、利益承诺的单一性、单一利益的对立性、品牌建设的岗位性、单一利益的持久性、终端建设的稳定性、品类需求的敏感性、注册商标的单义性、媒体传播的公信性和质量信息的透明性。当TBCI≤0.59时，仅仅是商标，只有当其TBCI≥0.6，才开始成为品牌，只有当TBCI≥0.8以上时，商标成为目标顾客选择成本等于零的选择的品牌。

5.3.2 品牌循环中"品牌疲劳"现象产生的原因及对策分析

5.3.2.1 "品牌疲劳"现象产生的原因

所谓品牌疲劳,是指消费者对产品的忠诚度和偏好度在短时间内急速下降的现象。循环企业所创建卡通形象或符号,相比于其本身的品牌或商标符号,更容易陷入品牌疲劳期。造成这种现象的根本原因包括以下几点。

第一,满足快乐情感的广泛性、差异性与替代性。人们对快乐的需求包括多个方面,可以表现为对金钱、名誉、地位、住房等物质产品的追求。对物质财富的追求之所以能带来快乐,是因为满足了人们对稀缺资源的占有欲望。陈惠雄于1988年提出的快乐指数体系中包含健康、亲情、收入、职业环境、社会环境和自然环境等六个快乐因子圈。按此划分法,卡通形象属于社会环境因子圈之中,满足人们快乐需求的一部分。同时,物质财富外显带来的心理满足感也是消费者产生快乐的重要方面,而卡通形象具有内容性特征,其载体本身的价值并不大,这导致卡通形象价值外显的功能受到限制,在一定程度上影响了消费者的选择。

快乐是人的一种主观感受,受消费者个性的影响非常大,如教育背景、社会经历以及消费时的情绪等因素。同一件卡通形象可能带给每一个消费者的感受都不相同,这也是造成"1000个读者就有1000个哈姆雷特"的原因。如何让尽可能多的消费者产生情感共鸣是卡通形象成功的关键,而快乐的主观性使其对目标消费者的需求进行研究时存在着更大的挑战。

随着卡通形象的丰富以及通信技术的发展,卡通形象之间的替代性非常强。不同的卡通形象提供了不同的体验形式,然而其目的是与消费者产生共鸣,进而激发快乐情感。这种共性使替代性不仅存在于同类卡通形象之间,不同类产品之间的替代性也比较强。例如,听一段相声,或是从杂志上看几则笑话,或是看一部喜剧片,带给消费者愉悦感受的差异性可能都很小。由此导致卡通形象品牌忠诚度的维护成本高于普通产品。

第二,在没有外在刺激的情况下,对同一品类卡通形象而言,单位产品所带来的快乐强度随着时间推移而降低的速度更快。假设用 I_i 表示单位卡通形象所带来的快乐强度,则 I_i 是时间的函数,$I_i = I_i(t)$,且 $\frac{\partial I_i}{\partial t} < 0$。产品带给消费

者的快乐感受是一个动态变化的过程,而快乐程度直接影响了消费者的满意度。国外不少学者从动态角度考查了顾客满意度的变化过程,如 Bolton、Mittal、Katrichis 和 Kumar 等。Slotegraaf 等的研究表明,消费者对产品属性满意度随着时间的推移而不断下降,特别是在产品保质期到期后下降更为明显。国内邬适融(2011)等研究了快乐适应是如何影响持续满意度的,指出人们一旦在某个方面找到了合理的解释,就会把注意力投注到其他更加需要注意的外部刺激上。Koschate 和 Hoyer 同时还指出,随着时间的延续,认知对消费者的满意度的影响逐步代替了情感。换言之,消费者对情感类的产品或服务的满意程度下降得更快,而卡通形象便在此列。

第三,在没有外在刺激的情况下,同一品类卡通形象带给消费者的效用随着时间推移而降低得速度更快。人们对快乐的追求是无限的,但同一品类卡通形象带给消费者的边际效用具有速减性。假设用 H 代表人们对快乐需求的集合,其中包含不同品类快乐因子所带来的快乐情感,可表示为 $H = \{h_1, h_2, \cdots h_n\}$。设不同品类因素 h_i 带给人们的效用为 u_i,则快乐带给人们的总效用为 $u_H = \sum_{i=1}^{n} u_i$。人们出于趋乐避苦的本性,对 u_H 的需求是无限的。每一类快乐因子的效用可进一步表示为 $u_i = u[q_i, I_i(t)]$,其中,q_i 表示第 i 类卡通形象的消费数量,由于卡通形象具有边际收益速减的消费特性,因此 $\frac{\partial u_i}{\partial q_i} < 0$。单位卡通形象所带来的快乐强度与产品的效用成正比,表示为 $\frac{\partial u_i}{\partial I_i} > 0$,即单位产品的快乐强度越高,则该卡通形象的效用越大;反之亦然。结合 I_i 与时间的关系,可得 $\frac{\partial u_i}{\partial t} = \frac{\partial u_i}{\partial I_i} \cdot \frac{\partial I_i}{\partial t} < 0$。

由于同一品类的快乐激发因素带给消费者的边际效用是递减的,并且单位卡通形象所带来的快乐强度将降低,因此需要不断的新刺激来保证该激发因素的效用。社会心理学家 Philip Brickman 指出,人们为了持续地获得满足感,必须不断寻找更为刺激的挑战(董国明,2006)。而消费者对已有的刺激会容易产生"疲劳感"[①],体现为每次刺激过后所能达到的最大快乐强度将降低,如

---

① 朱红红. 快乐品牌的经济学分析. 财经科学,2009(2):49-56.

图 5-7 所示。经过多次的刺激后，消费者对其敏感度极低，甚至该产品带来的快乐强度逐渐降低，则进入了"品牌疲劳期"。

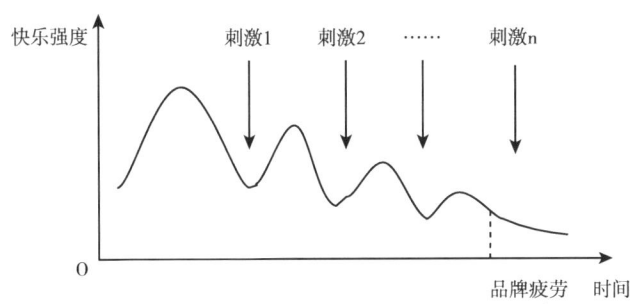

图 5-7 "品牌疲劳期"示意图

资料来源：作者绘制。

根据图 5-7 所示，可进一步采用三角函数形式来近似地描述该过程，由此构建关于某一品类快乐强度（intensity）函数：

$$I = Ae^{-\alpha t}\sin(\omega t + \varphi) \tag{5.20}$$

其中，I 表示快乐强度；A 表示振幅，即快乐强度所能达到的最大值；α 是描述振幅随着时间变化而衰减的变量，成为快乐的衰减系数；ω 和 φ 为常数。$e^{-\alpha t}$ 表明快乐强度的振幅随时间的推移而成指数函数形式衰减。当 $t \to \infty$ 时，$\lim\limits_{t \to \infty} I = 0$，因此该函数具有收敛性。

衰减系数 α 可进一步用产品的利益点带给消费者的效用来表示，用集合的形式可表示为：

令 $M_1 = \{M_{11}, M_{12}, \cdots M_{1n}\}$，$M_1$ 表示刺激因子 1 所包含的利益点集合；

令 $M_2 = \{M_{21}, M_{22}, \cdots M_{2n}\}$，$M_2$ 表示刺激因子 2 所包含的利益点集合；

$M_1 \cap M_2 = \{m \mid m \in M_1, 且 m \in M_2\}$，$M_1 \cap M_2$ 代表刺激因子 1 和因子 2 中相同或相似的利益点的集合；

$M_1 \cup M_2 = \{m \mid m \in M_1, 或 m \in M_2\}$，$M_1 \cup M_2$ 代表刺激因子 1 和因子 2 中利益点的全集。

M_1 和 M_2 中刺激因子的关系包含三种情况，可由图 5-8 中的①②③种情况表示。

用 $\text{card}M_1 \cap M_2$ 和 $\text{card}M_1 \cup M_2$ 分别表示 $M_1 \cap M_2$ 和 $M_1 \cup M_2$ 内元素的个数，

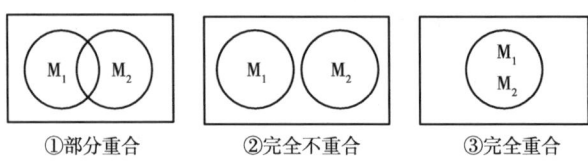

①部分重合　　②完全不重合　　③完全重合

图 5-8　M_1 和 M_2 中刺激因子的关系示意图

资料来源：作者绘制。

N 表示 M_1 和 M_2 中新的或是差异性的刺激因子。则衰减系数 α 可进一步表示为：

$$\alpha = \frac{cardM_1 \cap M_2 - N}{cardM_1 \cup M_2} \tag{5.21}$$

α 的取值范围为 α∈[-1,1]，讨论如下：

(1) 当 α=1 时，表明出现的情况是 N=0，$cardM_1 \cap M_2 = cardM_1 \cup M_2$，也即此时 M_1 和 M_2 中的刺激因子完全相同，此时衰减系数达到最大值，带给消费者的快乐强度降低幅度较大。例如，《亮剑》以一个较为真实的具有"大智慧"的"农民战将"形象，赢得了观众的喜爱；而《新亮剑》，试图通过新版本的拍摄再度唤起人们对李云龙这位英雄人物和这段历史的喜爱，然而却失败。究其根本原因就是，后者与前者的相似度几乎达到 90% 以上，这导致衰减系数很高，因此观众的快乐强度降幅较大。

(2) 当 α=0 时，表明出现的情况是 $cardM_1 \cap M_2 = N$，也即 M_2 中创新的刺激因子与相似因子的个数相同，此时衰减系数为零，带给消费者的快乐强度不变。例如，《泰坦尼克号》以其悲壮凄美的爱情故事，获得了观众的喜爱；新版的《泰坦尼克号》虽然在演员和情节方面的和原版保持了高度的相似性，然而新版本以 3D 技术作为创新点，从视觉方面带给消费者新的刺激，因此新版也获得了较高了票房。

α=0 为一个分界点，当 α>0 时，消费者的快乐强度 I 随着 α 的增加而呈指数形式递减；当 α<0 时，快乐强度 I 随着 α 绝对值的增加而呈指数递增，此时 α 转变为快乐强度的增强系数。

(3) 当 α=-1 时，表明出现的情况是 $cardM_1 \cap M_2 = 0$，也即此时 M_1 和 M_2 中的刺激因子完全不同，属于完全创新，此时 α 体现为增强效应，带来快乐强度的增幅度较大。以苹果公司的 iPhone 为例，iPhone1 的出现突破已有手机的模式，通过外观、触感、软件等的更新将苹果手机转变为一种娱乐终端和身份象征。相比于原有手机的利益点，iPhone 手机的创新点非常多，其衰减系数接近于 -1，因此给消费者带来的快乐强度增加值较大，获得了较大成功。

从实际情况来看，许多企业不仅在产品更新和包装方面不断改进，而且针对目标消费者开展了一系列的营销活动，但是由于其更新活动中所包含的刺激因子与原有产品差别程度较小，因此其产品的衰减系数较高，带给消费者的快乐情感指数递减率较高。于是，企业采取了更为频繁的产品更新活动，但由于未掌握正确的方法，导致产品进入恶性循环，很快便进入疲劳期，致使产品失去盈利能力。

5.3.2.2 针对"品牌疲劳"现象的创新机制分析

前面对品牌疲劳产生的原因进行了详细分析，在此基础上，本书为相关企业提出以下两方面的建议，以促进我国循环企业品牌的发展。

（1）在坚持产品单一利益点的前提条件下，适时推出差异性较明显的新版本。新版本区别于产品的简单更新或促销活动，版本之间应该具有更为明显的创新和差异，以降低快乐强度的衰减系数。在利用版本效应进行产品创新时，应注意以下两点。

一方面是产品单一利益点的确定。单一利益点的确定有利于降低消费者的选择成本，人们购买商品或服务都是为了获取其所代表的利益，然而，消费者在选择过程中做出购买决策时，都需要付出一定的学习和时间成本。消费者在具体选择时可能面临两种情况：一是面对的只是一个商标，二是同时提供多个利益点。当消费者面临信息不完全的情况，是无法做出选择判断的。例如，如果厂家只提供一个普通的商标，消费者对于产品的其他信息无法详细了解，则无法选择。同样，如果消费者面临信息过剩，做出选择就需要付出很高的比较鉴别费用。然而，如果品牌向消费者提供其单一利益点后，消费者的选择便只有两个：需要或不需要。需要的便是产品的目标顾客，不需要的就不是目标顾客。因此，极大地降低了消费者的选择成本，提供了选择效率。在确定产品的单一利益点时，需要根据对目标消费者购买特征的调查，确定并提炼出目标消费者最为敏感的需求点，并将其作为产品的最大卖点——也即产品的单一利益点。

另一方面是产品版本的创新。产品的版本效应，强调新旧版本之间的差异性，那么如何增加两者之间的差异呢？换言之，产品的创新可以从哪些角度来进行呢？本书通过理论与实践相结合，提出以下两个思路作为企业的参考。

一是依靠技术进步与革新对产品进行创新。随着社会的快速发展，科学技术水平日新月异。企业可以利用技术水平的提高，在视觉、听觉、触觉等各个方面改进产品，提高消费者的体验价值。这一方式在影视行业的发展过程中起着非常重要的作用，以电影也为例，从黑白电影到彩色电影，再到3D、4D等，每一次技术革新都给消费者带来了全新的体验，所带来的快乐强度也非常高。

二是通过改变产品单一利益点的方式进行创新。产品的单一利益点直接体现了产品的差异程度，决定了企业的发展空间。在技术不变的情况下，对目标顾客的深层理解是至关重要的。随着时间的推移，目标消费者的需求是不断变化的，因此，企业应对目标顾客的购买特性进行持续深入的研究，建立完整的顾客数据库信息，准确找到敏感的单一利益点。单一利益点的改变将会给产品带来一系列的变化，包括产品的设计包装、广告宣传等。同时，应该注意的是，对该单一利益点敏感的人群应该足够大，否则产品在一个非持续性的、容量很小的市场空间内，即使企业占领了所有市场份额，其持续性依然较低，陷入品牌疲劳的速度便会加快。寻找单一利益点有两种办法：一是通过研究目标顾客的消费行为，寻找或开创一个新的品类；二是通过研究竞争对手的产品所承载的单一利益点，从对手品类的对立面寻找自己的品类。

（2）构建数量适当的人物和形象角色，对产品的内容情节进行创新。矛盾是事物发展的源泉和动力，因此，产品可通过构造人物或形象之间的矛盾，以此来保证产品持续发展的能力。独立的事件或人物形象可能存在的矛盾冲突非常有限，只有通过构建适当数量的角色，才能保证产品内容的观赏性和连续性。

那么，什么样的矛盾能在较长时间内保证消费者具有较高的快乐强度呢？通过大量案例的研究发现，缺陷和悬念是效果最为突出的两种手段。所谓缺陷，是指通过一些不完美的设计，使人们根据自己的理解而产生想象。例如，断臂的维纳斯，没有嘴巴的 Hello Kitty 等。悬念是影视剧处理情节结构的一种常用手法，利用观众关注故事发展和任务命运的期待心情，设置悬而未决的矛盾现象，以此吸引观众的兴趣。不同的产品的悬念设置形式不同，但悬念带给消费者的快乐情感是相同的，也是产品的共同消费属性。例如，相声小品中的包袱、杂技中的惊险、魔术中的奇异、科幻中的神秘、绘画中的实意和色彩等都带给消费者赞叹。

产品类型之间的差异，不在于是否有悬念，而是如何表达该悬念。换言之，不同产品的悬念表现方式是不同的。例如，电影的悬念就是在两个小时内，完整地展示一个主悬念、若干个次生悬念；而电视剧却需要在几十个小时甚至上百小时来展示，这就要求整部电视剧要形成一个主悬念，每一集结尾都要形成一个次生悬念，使观众能期待看下一集。例如，十五集美国电视剧《兄弟连》，每集都是一个完整的战斗故事，上下集之间没有次生悬念，所以观众在看完一集后，不会急着看下一集。相反，我国 20 世纪 80 年代拍摄的电视剧《渴望》，从头到尾以小芳的命运为主悬念，每一集都留下次生悬念。因此，尽管次生悬念的强度比较弱，但是在其主悬念的吸引下，在较长时间内吸引观众的效果好很多。

产品中角色的数量也不是越多越好，而应该根据内容中主悬念和次生悬念的需求而确定。角色数量与悬念的关系呈现出二次函数的关系，用 s 代表悬念带给消费者的快乐强度，r 代表角色，则 s 可表示为 $s = f(r_1, r_2, \cdots, r_n)$。两者之间的数量关系可表示为 $s = a + br - cr^2$，如图 5-9 所示，刚开始悬念带给

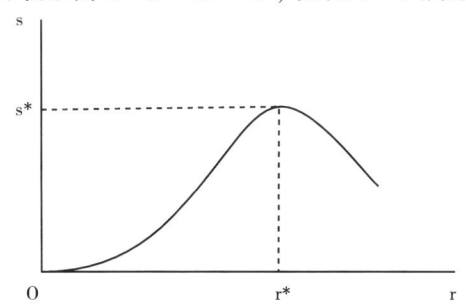

图 5-9　悬念效果与角色数量的关系

资料来源：作者绘制。

消费者的快乐强度与角色数量呈正比关系，当达到最优数量 r^* 后，角色数量进一步增加将导致主要矛盾弱化，产品的单一利益点不突出，因此消费者的快乐强度开始呈现下降趋势。

因此，构建适当数量的角色形象，通过从产品内容上设置缺陷或悬念，可在较长时间内保持消费者的快乐情感，进而延缓品牌疲劳期的到来。例如，芭比娃娃虽然形象单一，但她可以从事上百种职业，拥有10亿件美丽的衣服，还有一群朋友和宠物，她给女孩们带来的不仅是陪伴，还是一种生活方式的向往。又如，迪士尼构造了众多形象，包括米老鼠、维尼熊、白雪公主、狮子王等；《红楼梦》也以其众多的人物形象获得了不同消费者的认可。

5.3.3 授权方和被授权方的博弈分析

授权方立足于长远发展，借助品牌授权可以弥补资金和管理上的限制；被授权方借助强大品牌的优势能够在短时期内快速扩张，其长远眼光相对较弱，因此可能出现种种损害授权方长远发展的行为。通过博弈论相关方法，可以对授权方和被授权方在授权过程中的行为进行详细分析。

5.3.3.1 博弈模型的基本假设

（1）企业 A 为授权方，拥有一个品牌信用度较高的品牌[①]；企业 L 为被授权方，拥有一个合法的商标。品牌不等于商标，商标仅仅是法律符号，由国家保护；而品牌是利益符号，是让目标顾客不假思索且持久选择的单一利益点或理由（孙曰瑶等，2007）。企业 A 和企业 L 均具有理性思维，以追求利润最大化为目标。

（2）将品牌信用度引入企业的需求函数，构建被授权方 L 授权前的需求函数为 $Q_L^0 = B_L - aP_L$，其中 Q_L^0 表示授权前产品的需求量，B_L 为企业 L 的品牌

---

① 孙曰瑶、宋宪华于2011年出版《品牌工程学》，书中详细提出对品牌信用度进行评级的方法和指标，称之为商标的品牌信用度指数（Trademark's Brand Credit Index, TBCI）。TBCI 值介于0到1之间：TBCI≥1.0 为 AAA 级，表示极高的信用；TBCI = 0.8—0.99 为 AA 级，表示很高的信用；TBCI = 0.6—0.79 为 A 级，表示较高的信用；TBCI = 0.4—0.59 为 B 级，表示较低的信用；TBCI = 0.2—0.39 为 C 级，表示很低的信用；TBCI≤0.19 为 D 级，表示极低的信用。

信用度，P_L 为价格，a 为常数且 a>0。当企业 L 接收 A 企业的授权后，其产品的需求曲线将向右移动，并且变得更加陡峭（见图 5-10）。因此，授权后 L 的需求曲线可表示为 $Q_L = B_A - bP_L$，B_A 为企业 A 的品牌信用度（$B_A > B_L$），b 为常数且 b>a。

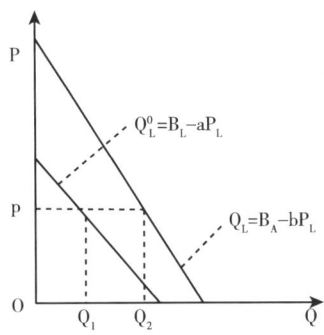

图 5-10　品牌授权前后需求曲线示意图

资料来源：作者绘制。

（3）设企业 L 的平均成本为 C。在授权过程中，不考虑技术进步带来的成本降低，信用恶劣的企业通过其他手段（如偷工减料或降低服务质量等不正当方法），降低产品的平均成本以获得更大的收益。假设企业的平均成本降低比率为 θ，则 $C' = \theta C$。

企业 L 不诚信的行为将损害 A 的品牌信用度，使 $B'_A = (1-\theta)B_A$。授权方 A 为了恢复其品牌信用度，需要支付的费用为 T。设 $T = t\theta B_A$，其中 t 为提高一单位品牌信用度所需要支出的费用。

（4）授权方 A 按照企业 L 销售收入的一定比例 α 收取授权费。

5.3.3.2　博弈模型分析

在授权方和被授权方的博弈中，被授权方 L 可采取向授权方 A 申请授权或不申请授权的策略，A 是否同意依赖于对 L 信用的判断。如果 A 知道 L 的信用非常好，不会进行违规生产，则会同意授权；如果 A 知道 L 将会违规生产，则不会同意授权。因此可以分为两种情况：

（1）被授权方 L 信用优良的情况。在被授权方信用优良的情况下，如果 L 申请授权，并且 A 同意授权时，L 和 A 的支付分别为：

$$R_{L1} = (Q_L - Q_L^0)(P_L - C) = \Delta Q_L(P_L - C) \quad (5.22)$$

$$R_{A1} = \alpha Q_L P_L \quad (5.23)$$

如果 L 申请授权，但是 A 不同意授权，则 L 损失申请过程中花费的时间成本及其他相关的交易费用，设为 C_0；A 由于不同意授权，其支付为 0。如果 L 不申请授权，则 L 和 A 的支付均为 0。该情况可用支付矩阵直观的表述为图 5-11。

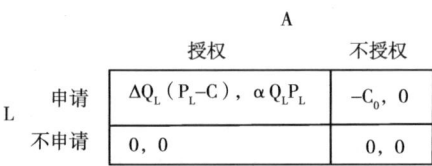

图 5-11　被授权方 L 信用优良下的博弈

资料来源：作者绘制。

（2）被授权方 L 信用恶劣的情况。在被授权方信用恶劣的情况下，如果 L 申请授权，并且 A 同意授权时，L 和 A 的支付分别为：

$$R_{L2} = (Q_L - Q_L^0)(P_L - \theta C) = \Delta Q_L(P_L - \theta C) \quad (5.24)$$

$$R_{A2} = \alpha Q_L P_L - t\theta B_A \quad (5.25)$$

如果 L 申请授权，但是 A 不同意授权，则 L 损失为 C_0，A 的支付为 0。如果 L 不申请授权，则 L 和 A 的支付均为 0。该情况可用支付矩阵直观地表述为图 5-12。

		A	
		授权	不授权
L	申请	$\Delta Q_L(P_L - \theta C)$, $\alpha Q_L P_L - t\theta B_A$	$-C_0$, 0
	不申请	0, 0	0, 0

图 5-12　被授权方 L 信用恶劣下的博弈

资料来源：作者绘制。

在该博弈中，被授权方 L 知道自己的信用如何，而授权方 A 并不了解，但授权方通过调查能知道这个概率分布，被授权方也知道授权方所预期的这个概率分布。由此,我们采取贝叶斯均衡法对该博弈进行分析。

假设 A 通过调查认为 L 信用优良的概率为 μ,那么 A 同意授权的期望效用为:

$$E_L = \mu\alpha Q_L P_L + (1-\mu)(\alpha Q_L P_L - t\theta B_A) \qquad (5.26)$$

由于 A 拒绝授权申请的期望效用为 0,因此,令式(5.26)等于 0,可得 $\mu\alpha Q_L P_L + (1-\mu)(\alpha Q_L P_L - t\theta B_A) = 0$,由此解得:

$$\mu = 1 - \frac{\alpha Q_L P_L}{t\theta B_A} \qquad (5.27)$$

当 $\mu > 1 - \frac{\alpha Q_L P_L}{t\theta B}$ 时,企业 A 同意授权的期望大于拒绝的期望,此时企业 A 的最优策略是授权。给定企业 A 同意授权,则企业 L 的最优策略是申请,因为 $\Delta Q_L(P_L - C) > \Delta Q_L(P_L - \theta C) > 0$。因此,当 $\mu > 1 - \frac{\alpha Q_L P_L}{t\theta B_A}$ 时,贝叶斯均衡为(申请,授权)。当 $\mu < 1 - \frac{\alpha Q_L P_L}{t\theta B_A}$ 时,企业 A 的最优策略是不授权,给定企业 A 不授权,则企业 L 的最优策略是不申请,因为 $0 > -C_0$。因此,当 $\mu < 1 - \frac{\alpha Q_L P_L}{t\theta B_A}$ 时,贝叶斯均衡为(不申请,不授权)。

5.3.3.3 博弈对策分析

品牌授权是目前发展非常迅速的一种商业模式,但对于品牌拥有者来说,是一个实现快速扩张、资本需求较小的有效方式,但同时也是要求较高、风险很大的行为。如果选择了正确的被授权方,将会不断促进企业的发展;反之,如果选择了错误的被授权方,将会得不偿失,给企业带来负面影响。由上述分析可以看出,在授权方和被授权方的博弈过程中,最重要的是授权方对被授权方信用好坏的概率分布的估计,即对 μ 值的估计。当 $\mu > 1 - \frac{\alpha Q_L P_L}{t\theta B_A}$ 时,贝叶斯均衡为(申请,授权);当 $\mu < 1 - \frac{\alpha Q_L P_L}{t\theta B_A}$ 时,贝叶斯均衡为(不申请,不授权)。从 μ 的表达式中,我们可以看出:

第一,授权费收入越高,授权的可能性越大。对授权方而言,在其他条件不变的情况下,授权费收入为 $\alpha Q_L P_L$,即按照 α 的比例提取被授权方的销售收入。$\alpha Q_L P_L$ 越大,则 $1-\dfrac{\alpha Q_L P_L}{t\theta B_A}$ 的值越小,同样的预期条件下,授权方接受申请的概率增加。反之,如果授权方通过对被授权方的考查,认为其信用优良的概率比较低(即 μ 较低),可通过适当提高授权费比例以降低风险。

第二,品牌信用度越高的企业,对被授权方的选择越要谨慎。品牌信用度越高的企业,t 越高,即为提高一单位品牌信用度所需要支出的费用越高。在其他条件不变的情况下,$t\theta B_A$ 的值越大,则 $1-\dfrac{\alpha Q_L P_L}{t\theta B_A}$ 的值越大,导致对概率分布的 μ 值要求越高。因此,品牌信用度越高的企业,在选择被授权方时要越趋于谨慎,信用恶劣的合作方将给企业带来严重的危害。

对于这一点,我们从许多成功的授权企业可以看出,例如,迪士尼消费品部零售与市场推广总监刘元说:"正式成为迪士尼的授权商之前,我们会有一系列严格的考核,之后还会有阶段性的考核,以此来保障消费者购买到的迪士尼产品的质量"。同样,国际著名的轮胎品牌 DUNLOP 在授权给国内顶星集团时,从产品的市场定位、产品设计开发到审核厂家、监督产品质量等,方方面面的工作都精心关注,确保了这次授权的成功。

第三,模糊或者不断延长双方的合作期限。模糊合作期限是指不知道具体的合作期限,不断延长合作期限是指无限期的合作。模糊或者不断延长双方的合作期限,使该博弈成为一个重复博弈。一旦授权方发现被授权方违规生产,则将在下一期的合作中提高授权费比例或终止授权合同。当被授权方不知道合作期限什么时候截止时,就有可能为了获取长远收益而诚信生产。现实中,可建立长期的或不定期的合作契约来实现。

第四,授权方通过做出可置信的承诺,降低被授权方违规生产的概率。授权方通过调查得出被授权方信用的概率分布后,通过可置信的威胁能够降低被授权方违规生产的概率。然而空头威胁往往是无效且不可置信的。为避免空头威胁的劣势,应采取特定行动,以保证威胁的可置信。例如,在授权协议中明确规定,当发现被授权方违规生产时,则将处以高额的罚款。但是授权方对被授权方进行监督的成本非常高,授权方应同时建立一套便于监督的可行方案。

被授权方在衡量是否实行违规决策时,其考虑为:违规净收益 = 违规收入 - 违规处罚成本 × 被发现的概率。将前面各参数带入,可得出被授权方的违规净收益表达式:

$$\pi = \Delta Q_L (P_L - \theta C) - M \cdot \beta \qquad (5.28)$$

其中,π 表示违规净收益,M 表示违规处罚成本,β 表示违规被发现的概率。从式(5.28)可以看出,即使处罚成本 M 很高,如果 $\beta = 0$,则 $\pi = \Delta Q_L (P_L - \theta C)$。因此这样的威胁是不可置信的。授权方所设定的处罚成本要根据 β 的大小而定,当且只当 $M > \Delta Q_L (P_L - \theta C)/\beta$ 时,该处罚威胁对于被授权方才是有效的。

第五,对于被授权方而言,应努力提高自身的品牌信用,提高授权方对自身信用评估的 μ 值。根据贝叶斯均衡来看,μ 值越大,授权方同意授权的可能性越大。同时,提高自身信用水平是企业长期发展的前提条件。根据《品牌工程学》中对品牌信用度评价的十个指标来看[①],由于被授权方还处在商标阶段,因此对其品牌信用度有较大影响的是,终端建设的稳定性和质量信息的透明性两项指标。

所谓终端建设的稳定性,是指目标顾客在购买终端面临购买决策时所受到的干扰程度。终端建设的稳定性要求企业有稳定的销售场所,并且企业对每个终端有完全的控制能力;质量信息的透明性要求对产品中的所有成分以及不适宜人群等信息标注清楚。

所谓质量信息的透明性,是指产品质量是否经过了科学、可靠的试验或检验。产品质量是企业成功发展的前提条件,那些存在质量问题的企业即使一时发展壮大,但终究会被消费者或竞争对手识破,从而给企业带来毁灭性灾难。例如,三株口服液通过大量的广告宣传投入,使其产品销量在短时期内快速增加,但受企业原材料供应和生产规模限制,采取了偷工减料的方法,最终很快被消费者淘汰。

---

① 《品牌工程学》中对品牌信用度评价的十个指标包括目标顾客的精确性、利益承诺的单一性、单一利益的对立性、品牌建设的岗位性、单一利益的持久性、终端建设的稳定性、品类需求的敏感性、注册商标的单义性、媒体传播的公信性和质量信息的透明性。

5.4 三循环之间的关系研究

在一个稳定的循环经济体系中，物质循环、价值循环和品牌循环三者之间相互依存，共同决定循环经济的发展情况。根据前面对三循环的分析，可以得出以下关系：

$$\begin{cases} C = C_m \cdot C_t & (\text{TBCI} \leq 0.59) \\ C = C_m \cdot (C_t + C_b) & (\text{TBCI} > 0.59) \end{cases} \quad (5.29)$$

当循环企业的品牌信用度小于或等于 0.59 时，企业不能进行品牌授权。此时 C_m 和 C_t 缺一不可，其中不管哪个循环出现问题都将导致循环经济发展的失败，因此两者是乘积关系。目前我国大部分循环企业处于该阶段。其中，物质循环是基础，如果物质上不能实现资源的再利用，则循环经济的发展无从谈起，因此，为保证 C_m 中废弃系数的降低，国家和企业每年投入大量研究经费。然而，目前我国循环经济面临的严重问题是，价值循环无法顺利实现。也即在 C_t 中，销售收入不足以弥补生产成本。为保证循环经济的持续，在此阶段应采取政府补贴。我国大部分循环企业正处于物质循环顺利实现后，依靠政府补贴维持经营的状态。然而政府补贴本身并不是一项可持续性的行为，并且其补贴额度仅限于保证 $C_t > 0$。显然，企业想要进一步发展，仅依靠政府补贴是不可行的。

当企业通过正确的品牌建设后，品牌信用度上升到 0.59 以上时，企业可采取不同形式的品牌授权以获得额外的授权费收入。此时，只要价值循环和品牌循环的总和大于零，就能保证循环经济的顺利实施。此时，政府补贴可根据具体情况逐渐减少。当品牌信用度上升到 0.8 以后，循环企业的商标已成为某种情感的代言，此时可进行较大范围的授权，并且收取较高的授权费。

另外，随着品牌授权收入的增加，循环企业可降低其直接产品的价格，甚至可以免费提供直接产品。换言之，在保证 $(C_t + C_b) > 0$ 的情况下，可减少 C_t 中产品的价格 P，甚至可使 P=0。此时，循环企业的盈利模式转化为"基本业务+派生业务"的形式。其中，基本业务为物质循环所得的产品销售业务，实现了物资源的循环利用；派生业务为品牌授权业务，突破了资源的局限性，扩大产品的盈利空间。免费的基本业务可以扩大企业的市场份额，同时提高品牌信用度，对派生业务的顺利实施具有较大的促进作用。

循环经济企业要稳定持续快速的发展需要同时实现上述三个方面的循环：物质循环、价值循环以及品牌循环。物质循环是循环经济实现的前提条件，价值循环是循环经济实现的必要保障，品牌循环是循环经济持续发展的强劲动力。循环经济是经济发展观念和模式的创新，是一种资源环境合理性与经济社会效率性相统一的经济形式。"三循环模式"中的前两个循环使循环经济本身的顺利发展得到保证，而品牌循环使企业的盈利模式将从资源本身转向到非资源方向，从而保证了资源的可持续发展。

发展循环经济、建立循环性社会是实施可持续发展战略的重要途径和实现方式。企业作为循环经济的最重要参与者需要经常探索新的发展模式，从多方面实施改革。同时政府应该对循环体系进行鼓励和引导，从资金支持、政策优惠、消费引导、法律保障等各个方面对循环系统的发展提供帮助。在此基础上，本书以山东省泉林嘉有肥料有限公司为例，阐述了循环经济稳定持续发展的路径及相应措施，对我国其他循环经济的发展提供了参考建议。

5.5 本章小结

根据品牌经济学的基本原理，本章提出了企业发展循环经济有效运行的三循环模型。在理论模型的分析基础上，指出一个循环系统要持续稳定的发展，需要从物质循环、价值循环以及品牌循环三方面实现全面的循环。"三循环模型"中的物质循环和价值循环使循环经济本身的顺利发展得到保证，而品牌循环使企业的盈利模式将从资源本身转向到非资源方向，从而保证了资源的可持续发展。目前我国发展循环经济需要解决的问题是，如何充分利用市场经济，帮助技术上获得成功而市场循环难以实现的企业走出"只循环不经济"的怪圈。

物质循环以厂商为主导，要求厂商通过研发，从技术和工艺上实现物质资源的循环利用。该循环要求突破技术的制约使其生产函数得以实现，这是发展循环经济的前提条件和基本要求。

价值循环以消费者为主导，是指循环经济企业的产品得到消费者的认可，其销售收入弥补生产成本后，有一定的利润使企业能正常运营下去。价值循环是实现循环经济的决定性因素，只有价值循环得以实现，循环系统才能持续稳定的发展下去。从品牌经济学角度来看，产品定价权的大小，也即品牌溢价能力的高低，是实现价值循环的重要路径。

品牌循环是指企业通过品牌建设策略获得较高的品牌信用度后，通过将品牌形象授权给生产其他类别产品的企业，从而获取授权费的溢价效应。品牌授权使企业突破了对资源的依赖和限制，扩大企业的盈利能力。品牌循环使企业从资源依赖转向品牌依赖，是循环经济发展的高级形式。书中对品牌循环中可能存在的主要问题进行了详细论述，主要包括品牌循环中"品牌疲劳"现象产生的原因及对策，以及授权方和被授权方在经营过程中的博弈行为。

最后，本章对物质循环、价值循环和品牌循环三者之间的关系进行了研究，指出"三循环模式"中的前两个循环使循环经济本身的顺利发展得到保证，而品牌循环使企业的盈利模式将从资源本身转向到非资源方向，从而保证了资源的可持续发展。当循环企业的品牌信用度小于或等于 0.59 时，企业不能进行品牌授权；只有当企业通过正确的品牌建设后，品牌信用度上升到 0.59 以上时，企业可采取不同形式的品牌授权以获得额外的授权费收入。

第6章 引入品牌授权后的循环产品定价策略

循环经济是经济发展观念和模式的创新，它要求必须转变传统的生产、消费观念和生活方式，用科学的发展观来规范和提升人类的行为，以人与自然和谐的方式发展经济，以可持续发展的观点合理利用与配置资源。然而，目前我国消费者对循环产品的认可度不高，需要厂商对消费进行引导（刘三红等，2016）。

影响消费者对循环产品需求的因素包括三类：一是企业可控的因素，主要包括产品价格和消费者对产品的评价（包括对产品质量的评价和情感上的评价）。二是企业可感知的因素，包括同类非循环产品的价格以及相关产品的价格，这些因素与循环企业之间存在互动关系，这些因素的变化会影响企业的决策行为，反之，企业的决策也会对其产生反作用。三是企业不可控的因素，主要包括消费者的收入、宏观循环经济政策调整、经济周期波动等。循环企业进行决策的目标是在不可控因素的约束下，综合考虑企业可控因素与感知因素的互动作用以及其他因素的影响，不断优化可控因素，最终实现企业利润最大化。厂商对消费者在循环产品情感上的引导属于企业可控因素，通过品牌建设提升消费者对循环产品的情感利益，能较大程度地影响消费者对产品的价值评价，从而影响消费者的选择行为。

与使用一次资源的普通产品相比，使用二次资源生产的循环产品在质量方面与其差异不大，因此两者可视为同质性产品。此时，影响消费者购买决策的关键因素是情感偏好。本书用产品的情感特征值 E 描述消费者对循环产品的情感偏好。情感特征值是反映消费者对循环产品价值评价的参数，情感特征值越高,消费者对其价值评价越高。

6.1 引入情感特征值的循环产品供需分析

为了比较循环产品和普通产品,本书将情感特征值系数化,即循环产品的情感特征值是其绝对量相对于同类普通产品情感特征值绝对量的水平。即 $E_i = e_i/e_i^0$,其中,e_i 表示第 i 种循环产品情感特征值的绝对量,e_i^0 表示基准产品(同类普通产品)情感特征值的绝对量。此时,消费者的效用函数可表示为 $U = U(E)$,并且 $\frac{\partial U}{\partial E} > 0$,表明随着循环产品情感特征值的提升,消费者效用水平增加。$\frac{\partial^2 U}{\partial E^2} \leq 0$,表明循环产品的情感特征值的边际效用具有非增性:当情感特征值较低时,增加情感特征值对效用的提升作用较明显;当情感特征值较高时,再增加时对效用的提升作用将减少。

6.1.1 情感特征值对循环产品需求函数的影响

企业通过品牌建设对情感特征值产生影响,属于企业的可控因素。引入情感特征值的需求函数可表示为 $Q = f(P, E_i)$。其中,$\frac{\partial Q}{\partial P} < 0$,表明循环产品需求量与价格成反比关系;$\frac{\partial Q}{\partial E_i} > 0$,表明产品需求量与产品情感特征成正比关系。

进一步的,将消费者对循环产品的需求价格函数可修正为 $P = P(Q, E_i)$。其中,$\frac{\partial P}{\partial Q} < 0$,表明消费者的支付意愿(也即需求价格)随消费数量的增加而降低;$\frac{\partial P}{\partial E_i} > 0$ 表明消费者的支付意愿(也即需求价格)随着产品情感特征值的增加而增加。$\frac{\partial^2 P}{\partial E_i^2} \leq 0$ 表明由于产品的情感特征值存在边际效用非增性,消费者需求价格的增加值随着情感特征值的增加而具有非增性。

为进行直观地描述，本书采用企业的线性需求函数进行分析，将传统的需求函数修正为：

$$q = a_0 - a_1 \cdot \frac{P}{E^\alpha} \tag{6.1}$$

其中，α 表示循环产品情感特征值对价格的修正系数。由于 $\frac{\partial U}{\partial E} > 0$ 和 $\frac{\partial^2 U}{\partial E^2} \leq 0$，因此 $\alpha \in (0,1)$。换言之，消费者对产品情感特征值改善的效用评价越高，则需求的价格越大；但是与产品的其他特征一样，情感特征值带来的边际效用是非增的。

将式（6.1）改写为循环产品的价格函数，可表示为：

$$P = \left(\frac{a_0}{a_1} - \frac{q}{a_1}\right) \cdot E^\alpha \tag{6.2}$$

令式（6.2）中的 $\frac{a_0}{a_1} = b_0$，$\frac{1}{a_1} = b_1$，则式（6.2）可简写为：

$$P = (b_0 - b_1 q) \cdot E^\alpha \tag{6.3}$$

在式（6.3）中，若循环产品的情感特征值 E 为某一确定值，需求函数为传统形式。其中，变量之间的关系满足上述关系：$\frac{\partial P}{\partial Q} > 0$，$\frac{\partial^2 P}{\partial E_i^2} \leq 0$。

6.1.2 情感特征值对循环企业成本函数的影响

循环企业的成本由固定成本和可变成本组成，引入情感特征值后，企业的成本函数可表示为 $TC = TC(q, E) = C_0 + C_1(q, E)$。其中，$C_0$ 表示企业的固定成本，包括生产厂房、设备等生产循环产品的固定成本，也包括用于建设产品情感特征值的固定成本，主要包括企业在短期内（一般是一个会计年度开始前），根据经营情况、财务水平等确定的用于情感特征值建设的预算成本，如广告费、品牌经理工资等费用。短期内该类成本不随产品生产数量的变化而变化。$C_1(q, E)$ 表示企业的变动成本，且边际成本存在以下关系：$MC_q = \frac{\partial TC}{\partial q} >$

0,$\frac{\partial MC_q}{\partial q} \geq 0$; $MC_E = \frac{\partial TC}{\partial E} > 0$,$\frac{\partial MC_E}{\partial E} \geq 0$。循环产品产量的边际成本 MC_q 和情感特征值的边际成本 MC_E 具有递增性。在产品情感特征值较低时，提高特征值相对比较容易，增加一单位情感特征值所带来的成本的增加较少；随着产品情感特征值的增加，进一步提升该指标所要付出的成本更高。

为进行直观地描述，本书将企业的成本函数具体化，引入情感特征值对传统成本函数进行修正，得出：

$$TC = E^\beta (C_0 + c \cdot q) \tag{6.4}$$

其中，β 表示产品情感特征值对成本的修正系数。由于 $\frac{\partial MC_E}{\partial E} \geq 0$，因此 $\beta > 1$。

产品特征值实质是企业的品牌垄断，企业对产品的定价权来源于其垄断地位。在产品物质功能同质化严重的商品时代，产品几乎容易处于完全竞争市场中，而单个企业在这样的环境中只能是市场价格的被动接受者。只有通过情感特征的培养使产品产生异质性，才能获得垄断所带来的产品溢价。因此，在市场信息不完全的情况下，企业利益市场机制追求利润最大化的主要策略就是创造品牌，通过提升消费者的情感偏好，降低消费者的选择成本，从而提高选择效率。消费者的选择效率决定了企业的生产效率，进而决定了循环企业的收益。

6.2 企业循环产品的选择与溢价机制分析

为了便于分析，本书假设市场上消费者是均质的，也即市场中所有消费者对该循环产品的评价基本一致。企业只生产一种情感特征值的产品就可以满足消费者市场需求。具有较高情感特征值的产品能获得消费者更好的效用评价，企业可制定更高的价格，但特征值的提升将带来成本的递增。产品在不同的价格下，情感特征值的高低决定了消费者的选择，从而影响企业产品的需求量。因此，追求利润最大化的循环企业面临的问题是，通过确定产品情感特征值和产品产量，从而决定产品价格。

企业的利润函数为 $\pi = TR - TC = P = P(q,E) \cdot q - TC(q,E)$，代入具体的需求函数和成本函数，得到：

$$\pi = E^\alpha \cdot (b_0 - b_1 q) \cdot q - E^\beta \cdot (C_0 - c \cdot q) \tag{6.5}$$

企业的决策变量为 E 和 q，则利润最大化条件为：

$$\frac{\partial \pi}{\partial q} = 0 \quad \frac{\partial TR}{\partial q} = \frac{\partial TC}{\partial q} \tag{6.6}$$

$$\frac{\partial \pi}{\partial R} = 0 \quad \frac{\partial TR}{\partial R} = \frac{\partial TC}{\partial R} \tag{6.7}$$

以上两式表明，当产品增加带来的边际收益等于边际成本时，企业的利润达到最大。根据最优化条件求解，可得出使企业利润最大化的产量和情感特征值：

$$q = \frac{(\beta - \alpha) c b_0 - 2\beta C_0 b_1 + \sqrt{(\alpha c b_0 - \beta c b_0 + 2\beta C_0 b_1)^2 + 4\beta(2\beta - \alpha) c C_0 b_0 b_1}}{2(2\beta - \alpha) c b_1} \tag{6.8}$$

$$E = \left[\frac{\beta c b_0 - \sqrt{(\alpha c b_0 - \beta c b_0 + 2\beta C_0 b_1)^2 + 4(2\beta - \alpha)\beta c C_0 b_0 b_1}}{(2\beta - \alpha) c^2} \right]^{\frac{1}{\beta - \alpha}} \tag{6.9}$$

求解出以上两个变量后，根据公式 $P = (b_0 - b_1 q) \cdot E^\alpha$，可制定出使循环企业利润最大化的价格。在引入消费者对循环产品的情感特征偏好的变量后，企业可根据企业的各项成本及市场容量等信息，为确定企业实现利润最大化时的定价、产量和情感特征值提供依据。

6.3 循环企业最优定价的数据模拟分析

为清晰明了地描述外生变量 α、β、b_0、b_1、c 和 C_0 对企业均衡时最优定价、产量、情感特征值和利润的影响，本书通过模拟数据对不同规模的企业生产情况进行分析描述。

假设某循环企业各外生变量的初始值分别为：$\alpha = 0.6$，$\beta = 1.2$，$b_0 = 1000$，$b_1 = 2$，$c = 300$，$C_0 = 10000$。以下分别考虑不同变量变动时，对企业均衡结果的影响。

6.3.1 情感特征值对成本的修正系数 β 变动下的企业均衡

随着循环产品情感特征值对成本的修正系数的减少，也即提高单位情感特征值需要花费的成本越低，则企业最优化的决策是提高情感特征值，提高消费者对循环产品的价值评价，从而对产品制定更高的价格。产品的需求量减少，但企业总利润增加（见表6-1）。

表6-1　　　　　　　　β变动对企业均衡的影响

α	β	b_0	b_1	c	C_0	产品 q	情感特征值 E	价格 P	利润 π
0.6	2	1000	2	300	10000	213	0.355	308.99	72547.14
0.6	1.9	1000	2	300	10000	211	0.357	312.10	73225.27
0.6	1.8	1000	2	300	10000	208	0.359	315.78	73994.04
0.6	1.7	1000	2	300	10000	205	0.362	320.28	74896.29
0.6	1.6	1000	2	300	10000	202	0.366	325.98	75993.85
0.6	1.5	1000	2	300	10000	198	0.372	333.44	77380.04
0.6	1.4	1000	2	300	10000	194	0.382	343.55	79203.10
0.6	1.3	1000	2	300	10000	189	0.398	357.81	81713.17
0.6	1.2	1000	2	300	10000	183	0.424	378.97	85366.03
0.6	1.1	1000	2	300	10000	176	0.470	412.53	91081.46
0.6	1	1000	2	300	10000	167	0.561	471.36	101005.8

6.3.2 情感特征值对需求价格的修正系数 α 变动下的企业均衡

随着循环产品情感特征值对需求价格修正系数的增加，也即消费者对增加的循环产品的情感特征值的支付意愿提高，则企业的最优化决策是提高产品情感特征值，提高产品的价格，从而增加企业利润（见表6-2）。

表6-2　　　　　　　　　α变动对企业均衡的影响

α	β	b_0	b_1	c	C_0	产品q	情感特征值E	价格P	利润π
0.2	1.2	1000	2	300	10000	230	0.019	244.84	56921.87
0.3	1.2	1000	2	300	10000	219	0.123	299.20	70219.97
0.4	1.2	1000	2	300	10000	208	0.215	315.79	73994.04
0.5	1.2	1000	2	300	10000	196	0.311	339.11	78408.54
0.6	1.2	1000	2	300	10000	181	0.424	378.96	85366.03
0.7	1.2	1000	2	300	10000	169	0.578	450.61	97513.56
0.8	1.2	1000	2	300	10000	155	0.829	593.06	121417.30
0.9	1.2	1000	2	300	10000	141	1.357	944.77	179999.30
1	1.2	1000	2	300	10000	127	3.184	2376.14	414133.40

在企业最优决策中，循环产品情感特征值与各外生变量之间的关系如图6-1~图6-2所示。产品情感特征值与成本修正系数β、价格修正系数α的关系前面已经详细论述。图6-3描述了在其他条件不变的情况下，情感特征值E与b_0之间的关系。在对循环产品价格进行情感特征值修正前，价格表示为$P=b_0-b_1q$，当产量为0时，$P=b_0$。换言之，b_0是修正前循环企业停业或退出行业的价格。E值与b_0呈正相关关系，也即随着b_0增加，企业的均衡决策是增加产品情感特征值，从而增加产量，提高价格，使企业利润增加。

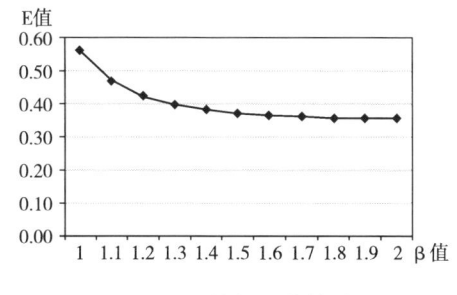

图6-1　E值与β值的关系

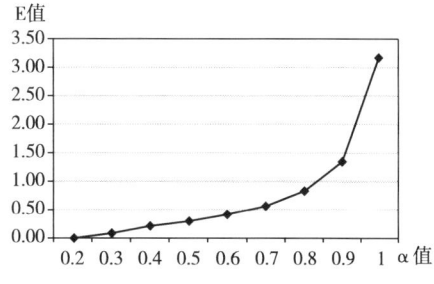

图6-2　E值与α值的关系

图6-4描述了在其他条件不变的情况下，情感特征值E与b_1之间的关系。随着循环产品情感特征值修正前价格系数b_1的增加，也即单位产量的增

加将导致价格下降速度更快，企业的均衡决策是降低情感特征值。

图 6-5 描述了在其他条件不变的情况下，情感特征值 E 与 c 之间的关系。随着循环产品情感特征值修正前边际成本增加，企业的均衡决策是：当修正前边际成本增加低于某一值时，企业提高情感特征值能增加企业利润；但当修正前边际成本增加高于某一值时，企业降低特征值能达到利润最大化条件。

图 6-6 描述了在其他条件不变的情况下，情感特征值 E 与 C_0 之间的关系。随着循环产品情感特征值修正前固定成本的增加，企业的均衡决策是降低情感特征值，同时增加企业产量，降低产品价格，已达到该条件下的利润最大化水平。

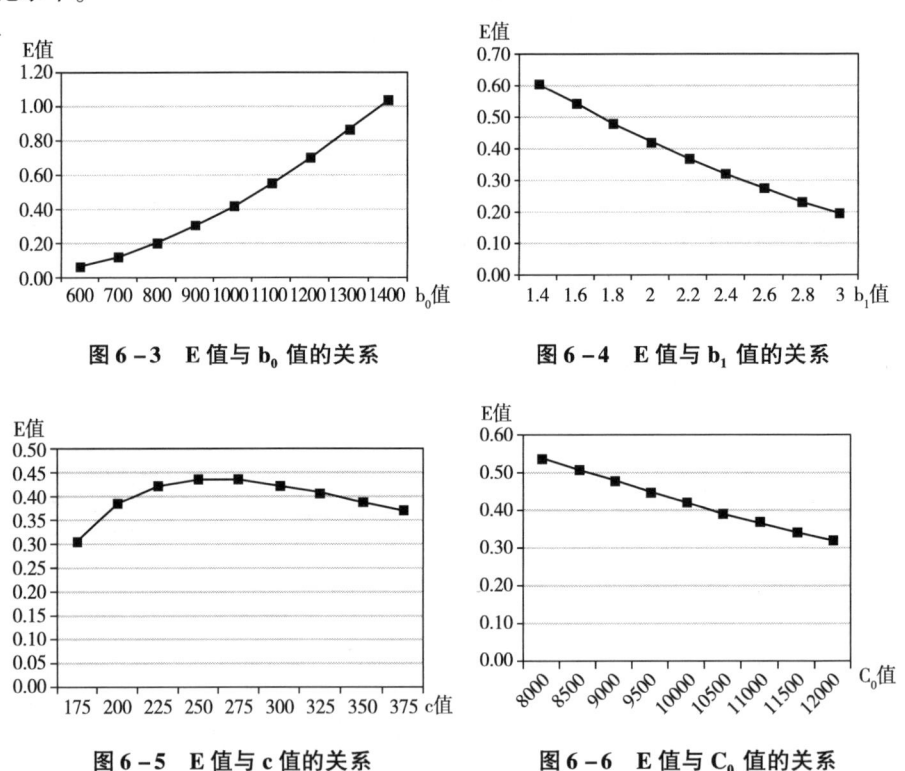

图 6-3　E 值与 b_0 值的关系　　图 6-4　E 值与 b_1 值的关系

图 6-5　E 值与 c 值的关系　　图 6-6　E 值与 C_0 值的关系

6.4　循环企业定价的建议

消费者对产品的情感偏好差异，决定了其购买决策以及产品的价格需求弹性。一般而言，消费者对产品的情感偏好越大，则对该产品的价值评价越高，价格的需求弹性也越小。本书将产品情感特征值引入循环企业的最优化决策中，在不同的外部条件下，企业可通过调整情感特征值的建设投资等方式，将情感特征值控制在最优生产所需要的水平，实现循环产品的价值补偿。根据模型分析结论，本书为循环企业提出以下三点建议，对解决目前普遍存在的"只循环不经济"现象提供参考。

第一，使用正确的循环企业品牌传播建设手段，降低情感特征值对成本的修正系数 β 值。在其他条件一定的情况下，成本的修正系数越低，企业最优决策的情感特征值越高，产品定价越高，企业利润越高。降低成本修正系数的关键在于正确运用传播手段。从循环企业的现状来看，广告是目前企业使用最为广泛的传播手段，使提升企业知名度和美誉度，从而提高消费者对产品情感特征值的重要方式。但广告传播存在的问题是成本高，且可信度较低，从而导致情感特征值的成本修正系数较高，也即建设单位情感特征值所需要成本较高。为解决该问题，本书建议采取通过新闻媒介传播的方式。企业可通过制造一些特殊性事件，吸引新闻媒体的主动报道，该方式不仅节约成本，而且具有较高的可信度，能大大地降低情感特征值对成本的修正系数。

例如，富亚公司总经理蒋和平为了证明自己的涂料无毒、无害，竟当众亲口喝下了自己的涂料。蒋和平的行为赢得了极大的新闻效应。当时，新华社播发了一篇700字的通稿《为做无毒广告，经理竟喝涂料》，此后媒体纷纷跟风，"老板喝涂料"的离奇新闻开始像野火一样蔓延。不仅北京市的各大媒体竞相报道，全国各地的媒体也纷纷转载。当年北京电视台评选的10月十大经济新闻中，"老板喝涂料"赫然跻身其中，与"悉尼奥运会"等同列。

第二，将消费者敏感的买点作为循环产品卖点，提高需求价格修正系数 α 值。在其他条件一定的情况下，随着价格修正系数的提高，则企业的最优化决策是提高产品情感特征值，从而增加利润。提高修正系数的关键在于寻找到循环产品使消费者最为敏感和关心的需求点，也即满足消费者的真实需求。例如，山东富美公司是工信部认定的硒鼓再制造试点企业。其硒鼓再制造一期投资 7.7 亿元。据统计①，每 1000 万支硒鼓的循环，每年可节约标准煤 3.6 万吨，减排二氧化碳 7.2 万吨，减少电子固体废弃物 5000 吨，为用户节约 40 亿元办公经费。目前，该公司将"硒鼓终身循环"这一利益点作为产品的卖点，消费者的敏感性较低。建议富美硒鼓应设计一个与之相配的卡通形象，并赋予它环保洁净的情感因素，可通过一系列的故事情节将其转变为"我爱环境"的代言和象征，使终点顾客购买使用再制造硒鼓的情感因素转变为："我是环保主义者，所以我用再制造硒鼓"。

第三，精确定位循环产品的目标消费者，减少企业提升情感特征值的成本支出。精确的目标消费者定位并不是简单地选择现有市场的高端或低端客户，而是需要通过科学的方法识别潜在市场，然后对目标消费者消费行为进行调查分析，最终得出个性化的目标顾客，并进行针对性的情感特征值建设。

例如，山东省泉林嘉有肥料公司采用秸秆制造有机肥，公司拥有国际领先有机肥制造技术，产品质量非常好，但销售量却受到市场的限制。究其根本原因，泉林嘉有将其目标顾客定位于农民，在宣传产品时虽然指出有机肥能改善土壤质量、提高产品品质，但其目标消费者农民在选择施用肥料时，更关心的是作物的产量和收益。而有机肥本身对产量的提升较为有限。建议泉林嘉有将目标顾客定位终端农产品的消费者，让目标消费者认可使用该有机肥的无公害、绿色或有机产品，从而对企业产品需求产生拉力作用。同时，泉林嘉有可以与农户建立合作社，打造无公害、绿色或有机农产品的基地，并且提供本公司的有机肥以及技术和认证上的指导。经过绿色或有机认证的产品品质更好、价格更高，既能满足终端消费者的需求，也能提高农民的收益，促进循环经济的良性循环。

6.5 本章小结

循环经济是一种既利于资源有效利用，又利于生态环境保护的经济形式，

---

① 富美科技集团有限公司官方网站，http：//www.fm8844.com/forever/jtjj/.

实现了资源环境合理性与经济社会效率性相统一。与传统产品相比，循环产品的技术研发投入更高，对二次资源的再利用成本也更高，但与普通产品相比，其产品在使用功能等方面却没有优势，属于同质产品。循环产品难以在市场上实现其价值循环，这是制约循环经济发展的核心问题。本书从品牌经济学视角，指出通过品牌建设策略提升循环产品的品牌信用度，获得定价权实现产品的价值循环，是企业进行创新动力和获得收益补偿的关键环节，是资源循环利用实现的效益保障。本书将情感特征值引入循环产品供给和需求函数中，分析该变量对消费者选择行为的影响，为企业通过品牌建设获得产品的定价权提供思路和指导意见。

通过数据模拟实验表明，随着循环产品情感特征值对成本的修正系数的减少，也即提高单位情感特征值需要花费的成本越低，则企业最优化的决策是提高情感特征值，提高消费者对循环产品的价值评价，从而对产品制定更高的价格。产品的需求量减少，但企业总利润增加。情感特征值与成本的修正系数呈负相关关系，与需求价格的修正系数呈正相关关系。在产品质量相同的情况下，引入品牌所带来的情感利益不同，较大程度地影响了消费者对产品情感的差异，从而影响了消费者的选择行为。因此，在产品质量相同的条件下，高价格产品的需求量不一定小于低价格的，由此带来了较高的品牌溢价。

第7章 循环经济行业协会品牌授权机制分析

行业协会（trade association）是指由同业及其他经济组织自愿组成、实行行业服务和自律管理的非营利性社会团体。① 根据《中华人民共和国循环经济促进法》第十一条规定，国家鼓励和支持行业协会在循环经济发展中发挥技术指导和服务工作。县级以上人民政府可以委托有条件的行业协会等社会组织开展循环经济发展的公共服务。行业协会作为政府和微观企业之间的桥梁，不仅可以为企业传达合理的需求，还可以辅助政府宏观调控政策的实施。因此，行业协会在循环经济建设中发挥了重要作用。

7.1 自治组织有效运行的机制分析

社会自治组织是指，一定范围的社会成员自主自愿组成，实行自治自律，为维护和发展共同事业、共同利益和社会公共利益，对其成员提供一定的公共管理和公共服务，不以营利、政治及宗教为目的的社会组织。② 行业协会由同业中的各个经济主体自愿组成。行业协会自主管理是指，同一行业的企业或同一职业的成员通过民主程序制定行规行约并共同遵守，即实现了"自愿"与"强制"的统一。通过民主程序制定行规行约是全体成员的自愿选择，而共同

---

① 行业协会成立知识 [EB/OL]. http：//wenku.baidu.com/view/cba74eed4afe04a1b071dee8.html.
② 刘杰. 社会自治组织概念探析 [EB/OL].（2008 - 05 - 29）http：//www.fanlongduanlvshi.com/n11c33.aspx.

遵守则是自愿选择之后的必须执行强制后果。① 行业协会作为社会自治组织的一种形式，其运行规则受到自治组织运行规则的制约。

7.1.1 自治组织有效运行的实例研究

长期以来，自治组织在循环经济和资源可持续发展方面起到了重要作用。到目前为止，可持续发展的重要性已经得到社会广泛的认同，但是，如何从制度上确保可持续发展呢？为了避免空论，本书从一个可持续发展的实例入手，进行实证分析。

隶属于上海解放日报报业集团的《报刊文摘》，在2008年5月5日出版的《报刊文摘》第三版，报道了一则关于洞庭湖渔业资源管理的新闻。② 导论中观察到的事实3中已对该新闻进行了全文引用，在此不再赘述。通过这个客观发生的事实，我们发现，历史上的洞庭湖渔民自治组织，实现了洞庭湖渔业资源的可持续发展，而承担政府管制的"渔政管理委员会"的成立，却导致洞庭湖渔业资源的枯竭。仅从洞庭湖渔业资源演变这个事实出发，我们可以得出洞庭湖渔业资源管理的两种方法：一是渔民形成的自治组织，二是政府形成的管制组织。至少从洞庭湖实际发生的事实中，我们发现渔民的自治组织对洞庭湖渔业资源的可持续发展是有效的，而政府管制组织是无效的。

对此，有人解释为不是管制本身的无效，而是管制不当，所给出的政策措施是增加对监管者的监管。但是，谁又对监管者负责呢？其实，从上述洞庭湖的实践来看，证明了管制制度寻租的存在，这才是导致资源枯竭的根本原因。事实上，洞庭湖事件已不仅仅是个孤立事件，其实早已得到理论上的证明③。

对于自治组织这种制度，群体理论认为，具有共同利益的个人会自愿地为促进他们的共同利益而行动④；而奥尔森则认为"理性的、追求自身利益的个

---

① 黎军．试论行业组织管理权力的来源 [J]．当代法学，2002 (7)：23-26．
② 甘传炳．"治理"的歧途 [N/OL]．报刊文摘，2008-5-5 (3)．
③ 陈裔金．设租与寻租行为的经济学分析 [J]．经济研究，1997 (4)：73．过勇，胡鞍钢．行政垄断、寻租与腐败——转型经济的腐败机理分析 [J]．经济社会体制比较，2003，(2)：61-62．
④ Bentley A. The Process of Government [M]. Evanston. Principia Press, 1949：111. Truman D B. The Government Process [M]. New York：Knopf, 1958：54.

人不会为实现他们共同或群体的利益而采取行动"（Olson，1965）。学术界就自治组织中个体之间是否会为实现共同的利益而采取行动，产生了完全相反的意见。对此，我们在后面会证明，只是条件差异而已，换言之，在不同条件下，自治组织的成员行为是不同的。

美国学者埃莉诺·奥斯特罗姆通过对"公共池塘资源"的研究，提出了自主治理理论。她认为传统关于公共事务自主治理的模型，如加勒特·哈丁的"公地悲剧""囚犯困境博弈"和曼瑟尔·奥尔森的"集体行动的逻辑"，只适用于规模较大的公共池塘资源且个体之间缺乏有效的沟通等环境。对于规模较小资源占有者的行为，这些模型无法适用。[①] 这在一定程度上解决了自治组织制度中个体行为的矛盾，即在不同的条件下，自治组织制度中的个体可能有不同的选择。但对于规模的具体大小，奥斯特罗姆并没有给出确切的定义，而本书对自治组织的最优规模，给出了详细的证明。

我们认为，在资源量一定的条件下，若实行剔出机制，则自治组织制度成员数量，存在着最优规模边界；若通过品牌建设实现品牌授权，以此提高非资源销售来增加收益，则存在剔出机制的自治组织，对可持续发展具有更大价值。

7.1.2 自治组织中的剔出机制分析

自治组织中的剔出机制，是指在自治组织成员的相互监督过程中，若发现某个成员违反了自治组织的规章制度，自治组织将违规成员剔出该组织。在资源量一定的条件下，通过剔出违规的成员，其他成员的权益将增加，由此形成监督成本很低的内在监督机制。

例如，洞庭湖在实行渔民自治时，渔民们相互监督，发现哪个渔民缩小网眼立刻就会被逐出湖区。

假设资源量为 Q，自治组织原有成员数量是 N，假设现有 i 个成员被剔出，则剩余成员的利益增加量由式（7.3）确定：

[①] 埃莉诺·奥斯特罗姆. 公共事物的治理之道：集体行动制度的演进 [M]. 余逊达，陈旭东，译. 上海：上海三联书店，2000：48 - 50.

$$q = \frac{Q}{N} \tag{7.1}$$

$$q' = \frac{Q}{N-i} \tag{7.2}$$

$$\Delta q = q' - q = \frac{Q}{N-i} - \frac{Q}{N} = \frac{iQ}{N(N-i)} \tag{7.3}$$

其中，q 表示剔出 i 个人之前每个成员拥有的资源量；q′表示剔出 i 个人之后每个成员拥有的资源量；Δq 表示剔出 i 个违规成员之后，剩余成员每个成员拥有资源量的增量。

自治组织制度对资源可持续发展的有效性，关键取决于组织内部成员之间对违规行为的相互监督是否有效。在存在剔出机制的条件下，每个成员都试图剔出尽量多的其他成员，以拥有更多的资源增量，实现自身利益的最大化。这使某成员违规后被发现的可能极高。由此以来，每个成员在衡量是否实行违规决策时，其考虑如下：

违规净收益 = 违规收入 – 违规处罚成本 × 被发现的概率

其中，由于我们假设自治组织中实行剔出制度，因此违规成本是一个成员所拥有的总资源量。

根据违规决策公式，可以得出这样的分析：

第一，由于剔出机制的存在，使违规成员一旦违规即被剔出，则剩余成员的收益增加，从而使成员之间存在强监督机制，也就是违规成员被发现的概率等于1。这从洞庭湖渔民自治组织的历史就可以验证；换言之，对违规成员而言，违规成本是确定的。

第二，违规本身是一种行为，违规行为从产生到获得违规收入，存在一个时间差，在这个时间差中，违规收入就是不确定的。换言之，违规行为一旦发生，即被发现并被剔出自治组织，则违规收入尚未形成。例如，对洞庭湖渔民而言，一旦某个成员自编或购买小网眼渔网，则可以被视为违规行为，如果该违规成员被剔出，则未发生违规收入。

正是这种不确定的违规收入和确定的违规处罚成本，保证了自治组织成员不采取违规行为，从而保证了资源可持续发展。这就是自治组织促进可持续发展有效性的经济机制。

结论：从以上分析我们可以看出，剔出机制从两个方面使自治组织有效地保证了资源的可持续发展：一是使成员违规处罚成本扩大到最大化，使其不做出违规行动；二是通过剔出增加剩余成员的权益，由此形成很强的内在监督，违规后被发现的概率极高。

7.1.3 自治组织的规模边界分析

剔出机制使自治组织内部成员之间相互监督，而实行监督便存在着监督收益和监督成本。其中监督收益见式（7.3），可以看出监督收益与成员人数成反比；监督成本是指自治组织中的成员发现并取证其他成员违规时所花费的时间。监督成本与成员人数成正比，即自治组织中的成员人数越多，监督成本越大。所以自治组织成员的数量规模，需要有一定限制以使监督机制有效。

7.1.3.1 自治组织中最优成员规模分析

监督机制是否有效取决于监督收益和监督成本的相对大小。当监督收益大于监督成本时，监督机制有效；当监督收益小于监督成本时，监督机制无效；当监督收益等于监督成本时，自治组织的规模达到最大。由此可以得出以下分析：

假设每次发现一个成员违规并将其剔出自治组织，根据式（7.2）可得：

$$q' = \frac{Q}{N-1} \tag{7.4}$$

又根据式（7.3），剔出一个人之后每个成员拥有的资源量的增量为：

$$\Delta q = q' - q = \frac{Q}{N-1} - \frac{Q}{N} = \frac{Q}{N(N-1)} \tag{7.5}$$

因此，当监督收益等于监督成本时可得：

$$\frac{Q}{N(N-1)} - C = 0 \tag{7.6}$$

将式（7.6）整理可得：

第7章 循环经济行业协会品牌授权机制分析

$$CN^2 - CN - Q = 0 \tag{7.7}$$

解得：

$$N^* = \frac{C + \sqrt{C^2 + 4CQ}}{2C} = \frac{1}{2}\left(1 + \sqrt{1 + \frac{4Q}{C}}\right) \tag{7.8}$$

所以我们可以得出以下结论：

当自治组织成员数量 N：$N \leq N^* = \frac{1}{2}\left(1 + \sqrt{1 + \frac{4Q}{C}}\right)$ 时，自治组织中的监督有效；当 $N > N^* = \frac{1}{2}\left(1 + \sqrt{1 + \frac{4Q}{C}}\right)$ 时，自治组织中的监督无效。

其中，N，Q 和 C 分别表示自治组织中的成员数量、资源量和监督成本。

通过以上分析我们得出了自治制度的最优规模边界，即 N^*。在自治组织的资源量一定的条件下，当成员数大于 N^* 时，过高的监督成本将使相互监督机制失去效用，在此情况下，自治组织制度性的失效，使得资源的可持续发展难以得到保证。只有将成员人数控制在最优规模边界以内时，监督机制才能发挥作用。在实际中，如果资源量 Q 本身很小时，不存在多个成员，也就不存在成立自治组织，故资源量 Q 常常很大，$\frac{4Q}{C}$ 也很大，那么我们可以将 N^* 简化为 $\sqrt{\frac{Q}{C}}$，即当 $N \leq N^* = \sqrt{\frac{Q}{C}}$ 时，自治组织中的监督有效；当 $N > N^* = \sqrt{\frac{Q}{C}}$ 时，自治组织中的监督无效。

7.1.3.2 自治组织成员数大于最优规模时的策略

当自治组织实际成员人数大于最优规模（即大于 $\sqrt{\frac{Q}{C}}$）时，成员之间的监督成本很高，以至于大于监督收益。此时可以将这些成员分割成若干个小的自治组织，即：

$$Q = Q_1 + Q_2 + Q_3 + \cdots + Q_n \tag{7.9}$$

$$N = N_1 + N_2 + N_3 + \cdots + N_n = \sqrt{\frac{Q_1}{C_1}} + \sqrt{\frac{Q_2}{C_2}} + \sqrt{\frac{Q_3}{C_3}} + \cdots + \sqrt{\frac{Q_n}{C_n}} \tag{7.10}$$

较小的自治组织可以大大减少成员之间的监督成本,使在一定资源量下监督收益大于监督成本,以此保证自治组织对资源可持续发展的有效性。进一步可构建较大的组织,形成网络结构。这就证明了"一旦组织了较小的单位,再在此基础上进行进一步组织建构的成本就要大大低于在没有任何基础的前提下建构组织的成本。"①

7.1.4 资源量增加与自治组织可持续发展的有效性

由前面分析可知,当自治组织中的资源总量一定时,若存在剔出机制,并且成员人数小于 N^* 时,相互监督机制有效,自治组织可以确保资源可持续发展。然而,当资源总量增加时,监督机制将如何变化呢?

我们认为,若自治组织存在剔出机制,当资源总量增加时,一个有效的自治组织内部会形成更强的监督系统,使自治组织的制度效率进一步提高,从而使资源可持续发展得到更强的制度保证。

通过品牌建设,使自治组织生产的产品总量或产品价格提高时,资源总量 Q 增加。根据成员人数的变化可分以下两种情况讨论:

第一,自治组织中的成员数不变。由于自治组织中的人数不变,因此监督成本不变。当资源总量增加时,每个成员的权益都增加,同时当剔出 i 个成员后,每个成员的权益增量也提高,所以内部的监督效应更加强大,对资源的可持续发展的有效性也就更强。

第二,自治组织中的成员数增加。当资源总量增加时,如果自治组织中的人数同时增加,可能导致平均每个成员的权益量减少,那么剔出违规成员的监督收益也可能减少。此处讨论人数增加是在满足前面提出的最优规模边界范围之内的情况,即人数增加后监督机制仍然有效,但是人数增加的不同可能导致监督机制有效性的强弱不同。

资源总量增加前每个成员拥有的资源量满足式(7.1),资源量和成员数均增加后满足:

---

① 埃莉诺·奥斯特罗姆. 公共事物的治理之道:集体行动制度的演进 [M]. 余逊达,陈旭东译. 上海:上海三联书店,2000:282.

第7章 循环经济行业协会品牌授权机制分析

$$q_1 = \frac{Q + \Delta Q}{N + \Delta N} \tag{7.11}$$

ΔQ 和 ΔN 分别表示增加的资源总量和成员人数。为使监督机制更加强大，则每个成员拥有的资源量必须增加，由此得出以下关系式：

$$q_1 - q = \frac{Q + \Delta Q}{N + \Delta N} - \frac{Q}{N} > 0 \tag{7.12}$$

解出式（7.12）可得，$\Delta N < \frac{\Delta Q}{Q} N$，即 $\frac{\Delta N}{N} < \frac{\Delta Q}{Q}$。

因此，式（7.12）表明在自治组织中，当成员人数的增长率小于资源总量的增加率时，每个成员的权益增加，此时监督机制使资源可持续发展的有效性增强；同时，结合成员最优规模边界分析可知，当 $\frac{\Delta Q}{Q} N \leqslant \Delta N < \sqrt{\frac{Q + \Delta Q}{C'}} - N$（其中，$C'$表示成员增加后的监督成本）时，监督机制仍然有效，但由于监督收益小于成员增加以前的收益，将导致监督机制的效用减弱，也就使资源可持续发展受到了危害。

因此，在自治组织成员数量一定且内部剔出机制完善的条件下，随着资源总量的增加，自治组织对资源可持续发展的有效性越强。问题是如何使自治组织的资源量增加呢？

仍以洞庭湖渔业资源为例，在洞庭湖水面面积一定、鱼虾生长周期一定的条件下，鱼虾可捕获量即总产量就是一定的。如何增加资源总量，从而增强自治组织对资源可持续发展的有效性呢？根据品牌经济学表明，按照可持续发展的要求。在洞庭湖鱼虾可捕获量一定的约束条件下，增加渔民自治组织资源总量的最佳途径，就是通过品牌建设，获得品牌溢价。

以洞庭湖渔民自治组织为例，假设满足可持续发展的鱼虾捕获量为 M_0，为进行品牌建设前的价格为 P_0，则渔民自治组织可获得资源总价值是 $Q_s = M_0 P_0$。现在我们做出一个新的假设，即市场对鱼虾的需求即 Q_d 增加，并且 $Q_d > Q_s$，则鱼虾的销售价格即 P_0 也会增加。在这种情况下，不排除自治组织通过增加捕获量也即 M_s，使 $M_s > M_0$，从而导致渔业资源破坏性的捕捞。尽管从开篇的实例中，洞庭湖渔民自治组织的历史上，没有出现这种破坏性捕捞，但作为一种经济可能性，也就难以从根本上排除。

那么，如何在需求大于供给条件下，即满足自治组织收益增加，从而发挥其内部监督机制，以实现资源可持续发展的要求呢？我们认为可以采取品牌建设，实现两级品牌授权，以扩大自治组织的价值收入。所谓两级品牌授权，是指产品授权和形象授权。

例如，洞庭湖渔民自治组织通过品牌建设，在一定的目标顾客中形成了品牌效应，则可以选定一个标识符号，使这个标识符号成为洞庭湖鱼虾的代言或象征。在这种情况下，洞庭湖渔民自治组织就可以确定鱼虾标准，将周边其他湖泊渔民捕获的符合该标准的鱼虾，授权其使用自己的标识符号，这就是产品授权。

同时，如果洞庭湖渔民自治组织以鱼为主题将自己的标识符号进行美观设计，将其形象提升为"年年有余"的代言或象征，则可以进行更广泛的授权，既可以自己生产，也可以授权其他非渔民使用，从而获得更高的品牌溢价。

这样一来，从产品增产、产品授权到形象授权，自治组织的盈利空间将获得很大的扩展，达到形象授权之后，自治组织的盈利模式将从资源本身，转到非资源，从而保证了资源的可持续发展。

从我国的实践来看，目前，我国也有众多的自治组织，如各个行业自治协会、村民自治组织等，但大部分运营不佳或无所作为。如阳澄湖的苏州蟹业协会，由于在组织上和运作模式上都存在问题，导致市场上冒牌的阳澄湖大闸蟹肆意泛滥，这一知名品牌的信用度也因此大大受损。根据本书上述分析，我们对我国现实的自治组织或自治协会提出以下四个建议：

第一，排除外部干扰，确保自治组织的独立性。目前，我国强大的政府行政干预，使自治组织的独立性受到不同程度的干扰。尤其是协会领导层，多数情况下不是会员选举产生，而是协会挂靠单位等行政部门安排的，从而使自治组织不自治。这样一来，对资源的可持续发展的有效性自然也就大打折扣。

第二，确保组织中信息的及时传递，培育成员间的监督意识。需要传递的信息包括组织中的规章制度、成员的违规情况及惩罚、组织中资源量和人数的变化情况等。规章制度的及时传递便于成员清楚地认识自己的权利和责任；成员的违规情况及惩罚的通知一方面是对违规者的处罚和教育，另一方面也对其他成员起到了警示作用；组织中资源量和人数变化情况的通知可以使每个成员对自己拥有的资源量进行估算。自治组织中的资源包括实物资源（如公共池塘里的鱼虾等）和虚拟资源（如地方性品牌等）。实物资源便于测量和计算；而对于品牌等虚拟资源，每个成员所拥有的都是一个完整的品牌资源，若某成员售卖假冒伪劣产品，则会影响其他每个人的利益。告知成员违规带来的损失及检举他人违规给自己带来的收益，培育成员的监督意识。

第三，设立剔出机制或其他较严重的惩罚机制，保证成员间有条件相互监督。相互监督机制是自治组织得以稳定运行的保障，若缺乏相互监督则无法维持组织中的规章制度。对违规者严重的惩罚一方面增加了违规成本，另一方面提高了监督收益，所以能较好地使自治组织中的相互监督机制发挥作用。同时必须保证成员不能因地理距离等条件限制而无法进行有效地相互监督。

第四，保证组织中成员人数与总的资源量的合适比例。通过本书分析可以看出，自治组织中存在最优成员规模边界。因此自治组织中的人数应当根据该边界进行控制。若成员人数大于最优规模时，可以将这些成员分割成若干个小的自治组织，再以小规模的自治组织为基础建立较大的组织，形成网络结构。这样能减小监督成本，使相互监督机制发挥更好的效用。

7.2 行业协会有效运行的品牌经济学分析

7.2.1 我国行业协会存在的问题分析

7.2.1.1 行业协会存在的问题

目前，我国行业协会发展迅速，基本各个行业都存在着众多大大小小的行业协会，但是真正能促进该行业健康发展的却很少。相反，我国的行业协会已经暴露出诸多问题。为避免空谈，本书的论述建立在对事实的观察和分析上，首先请看以下两个事例：

事例一：2009年10月31日，中央电视台财经频道播出了《真假阳澄湖大闸蟹》的节目，引起了消费者的极大关注。很多消费者都在网上留言，表示看到节目后十分震惊，一个名牌产品，居然管理得如此混乱，根本分不清楚市场上的阳澄湖大闸蟹，哪个是真，哪个是假。消费者表示现在根本不敢购买大闸蟹了。而在此前的报道中，记者在阳澄湖的市场里进行调查时也听说，一些蟹农对于目前市场无管理、假货泛滥的现象，也同样在进行抱怨，"现在各种螃蟹和杂牌子的大闸蟹都混了进来，阳澄湖大闸蟹卖不上价钱了。"

阳澄湖大闸蟹一直是由当地的行业协会进行统一管理的，有主管的协会，为何还越管越乱呢？记者就这个问题采访当地蟹业协会会长杨维龙时，杨会长首先把这些管理上混乱，归到了昆山市巴城镇蟹业协会，杨会长认为，是其他蟹业协会的失职，才导致了当地市场的种种乱象。同时杨会长还向记者介绍说，阳澄湖周边的蟹业养殖协会，不止一个，很多协会是由一些企业的老总代为管理，协会基本上就不管理市场，有的协会甚至一年才视察一次市场，有的协会会长经常连人都找不到，蟹业养殖协会尚且如此，阳澄湖周边的大闸蟹市场混乱不堪就不足为奇了。①

事例二：1904 年，新西兰从中国引进奇异果，经过多年发展，到 20 世纪 80 年代，在国土面积较小且人口总数仅有 400 万的国家，形成了 2000 多个果农种植的局面。然而，当时受市场的无序竞争和美国的反倾销政策影响，新西兰的奇异果发展受到极大破坏。在果农的自发组织以及政府的配合下，2000 多个果农组建了统一的销售渠道，新西兰奇异果销售局（New Zealand Kiwifuit Marketing Board），也是 ZESPPI（中文名佳沛）新西兰奇异果国际行销公司的前身。

这相当于 2000 多个股东聘请了一个职业经理人团队来制定组织计划、品牌推广、渠道建设，最终完成每年 7000 万箱奇异果在全球的销售。2004 年，ZESPPI 在全球销售额达到 10 亿新西兰币，相当于 7 亿元人民币。现在，那些曾经濒临破产的新西兰的果农们，雇佣工人来种植，每年从行销局的盈利中提取分红，多数人拥有了自己的庄园，甚至游艇，过着舒适的生活。②

事例一中描述的现象是目前我国行业协会的一个缩影。我国各行业有众多的行业协会管理着，但同时也发生了许多这样的事情。我国的行业协会失败了，但是事例二中新西兰的行业协会却取得了巨大的成功。由此相反的事实引

---

① 2009 年 11 月 2 日中央电视台财经频道《经济信息联播》。
② 中国食品科技网．http：//www.tech-food.com/news/2005 - 6 - 24/n0038494.htm.

出的问题是：我国行业协会与新西兰行业协会的本质区别是什么？即导致我国行业协会不承担责任的根本原因是什么呢？更进一步的，又该如何促使我国行业协会的功能得以发挥呢？本书对此给出了详细的分析证明。

7.2.1.2 行业协会相关问题的研究进展

行业协会是具有同一、相似或相近市场地位的特殊部门的经济行为人组织起来的，界定和促进本部门公共利益的集体性组织（余晖，2002）。按照行业协会与政府的关系，我国现有的行业协会可分为三类：一是由国家部门整体转制的行业协会，如1993年，纺织部和轻工部被改组为纺织总会和轻工总会；二是完全由政府出资主办的行业协会，如中国农资流通协会是由中华全国供销合作总社主管；三是民办协会，由社会自发组织，它伴随社会利益主体的分化自下而上形成，如江苏省蟹业协会等。在我国，有政府主导或参与建立的官办或半官办协会目前仍占多数，这与我国市场经济体制的建立过程密切相关（黎军，2006）。本书以完全自治的行业协会为研究对象。

行业协会既是一种社会组织，又是一种经济制度。作为一种社会组织，行业协会受到社会学家、政治学家和法学家的广泛关注，主要从法理学及其功能和对社会政治结构的影响方面进行研究，如信春鹰、张烨（1998），刘作翔（2002）等。作为一种经济制度，有的经济学家应用最新的博弈论工具对古老的"基尔特"等行业组织进行分析，阐述其对中世纪海外商业扩张的经济作用（Greif，1993，1994）；有的将行业协会视为并列于市场、企业、国家、非正式网络的第五种经济制度或社会秩序，并一道参与对资本主义经济的治理（Streeck, Schmitter and Hollingsworth et al., 1985, 1994），经济学家从它的产生和定义、目标和功能、变迁和改革等方面进行了研究。

行业协会在市场经济中的重要作用受到政府和学术界的广泛关注，但是我国目前行业协会2/3几乎或完全丧失组织功能，甚至对行业的发展起了阻碍作用；另外1/3受政府管制较严重，难以真正成为会员企业的利益代表（余晖，2002）。

对于造成我国行业协会现状的原因，现有的解释主要可分为以下三个派别：第一是法律派，主要观点是认为我国行业协会缺乏完整的法律保障，如黎军(2006)、刘融(2008)等。完整的法律体系,能为行业协会的地位及权利的使用提供统一可靠的法制保障,但行业协会的本质是自治组织,其内部的运营模式是法律不能保障的。第二是政治派,主要从政府对行业协会的管制和干预方面分析,如杨晚香(2009)等。政府干预阻碍了行业协会独立自主地行使自己的权利,使之不能完全代表企业或个人会员的根本利益,但是我国仍有部分行业协会没有受到政府的干预,如昆山市巴城镇蟹业协会等,其发展也非常混乱。第三是体制派,主要观点是要完善行业协会的法人治理结构,形成制度化的自律机制。制定完善的行业协会规章制度是较容易的事情,但如何使其能真正地发挥作用呢?现有文献并没有给出答案。

本书分析认为,造成我国行业协会现状的根本原因是协会经费收入来源的问题。只有解决了这个根本问题才能使自治组织的内部监督机制发挥作用。同时通过引入协会品牌和品牌授权机制,能进一步增加行业协会会员的利益,从而指出了我国行业协会的发展方向。

7.2.2 我国行业协会失效的原因分析

7.2.2.1 会员造假行为的经济分析

行业协会属于自治组织,会员间的相互监督机制是其得以正常运营的根基。行业协会中的会员(企业或个人)是以追求利润最大化为目的而自愿加入的,会员的根本目的在于采用各种有利于自身的途径以增加利润。一旦监督机制失效,会员会在诚实经营和造假经营的行为之间权衡选择,以实现自身利益的最大化。会员诚实经营和造假时的利润 R 和 R^* 分别由式(7.13)和式(7.14)给出:

$$R = Q_1 \cdot P - (C_f + C_v^1) \tag{7.13}$$

$$R^* = Q_2 \cdot P - (C_f + C_v^2 + C_i \cdot r) \tag{7.14}$$

其中,Q_1 和 Q_2 分别表示会员诚实经营和造假时的销售额,P 为价格,C_f 为固定成本,C_v^1 和 C_v^2 分别为诚实经营和造假时的变动成本,C_i 表示造假被查出的处罚成本,r 表示查处率。

理性的会员通过比较诚实经营和造假经营的利润大小,从而做出最优选择,即求解 $\max\{R, R^*\}$。

由式(7.14)和式(7.13)可得:

$$R^* - R = (Q_2 - Q_1) \cdot P - [(C_v^2 - C_v^1) + C_i \cdot r] \quad (7.15)$$

化简可得出造假的净利润 ΔR 为:

$$\Delta R = \Delta Q \cdot P - (\Delta C_v + C_i \cdot r) \quad (7.16)$$

其中,ΔC_v 是产量为 ΔQ 时的变动成本,是总成本中的一部分。当 $\Delta R > 0$ 时,会员选择造假;当 $\Delta R < 0$ 时,会员选择诚实经营。

由式(7.16)可以看出,影响会员造假决策的关键项为 $C_i \cdot r$。其中,处罚成本 C_i 由协会章程规定,可视为一定。那么查处率 r 便是造假决策的决定性因素,而影响查处率大小的因素有两个:

第一,相互监督机制影响查处率。根据7.1节中的论述,如果行业协会中的人数大于最优规模边界,相互监督机制失效,将导致查处率非常低。即使处罚成本大,会员造假的总成本也很低,此时造假的净利润 $\Delta R > 0$,会员会选择造假以获得自身利益最大化。

第二,抽查制度影响查处率。除了会员间的相互监督机制外,行业协会还会定期或不定期地对会员进行抽查。然而抽查具有抽查成本,在协会人员、仪器、费用一定的条件下,若协会中会员数越大,则抽查率越小。抽查率越小,将导致查处率 r 越小。

因此,查处率 r 和行业协会中实际会员数 N 的关系可表示为:

$$\frac{\partial r}{\partial N} < 0 \quad (7.17)$$

结论:行业协会中会员的造假行为取决于查处率的大小,而查处率与会员数呈反比的关系。因此,要防止会员的造假行为,必须将行业协会中的人数控制在适当范围之内。

7.2.2.2 会费收取与内部监督的悖论

目前,我国行业协会的经费收入主要是会员缴纳的会费,另外协会还通过发行刊物或举办会议等收取一定费用。那么协会的收入可表示为：

$$Y = \sum_{i=1}^{n} x_i + \sum_{i=1}^{n} y_i + t \qquad (7.18)$$

其中，Y 表示行业协会的收入；n 表示协会会员数；x_i 表示第 i 个会员所缴纳的会费（不同会员之所以缴纳不同额度的会费，是由协会根据企业的大小或企业会员在协会中的职位不同而制定的），例如，按照中国农资流通协会第三届会员代表大会通过的《中国农资流通协会会费管理办法》规定，会费收取标准如下：副会长单位缴纳 10000 元，常务理事单位缴纳 5000 元，理事单位缴纳 2000 元，普通会员单位缴纳 400 元；y_i 表示协会通过举办活动等形式向会员收取的其他费用；t 表示协会通过发行刊物或接受捐赠等得到的其他收入。由式（7.18）可以看出，行业协会的收入完全由会员数量所决定，并且两者成正比的关系。根据"理性经济人"的假设，行业协会为追求自身利益最大化，必然努力增加会员数量 n。

协会本身属于一种自治组织，然而，根据我们对自治组织最优规模的分析得出，在存在剔出机制的条件下，当自治组织中的实际会员数 $N \leq N^* = \sqrt{\frac{Q}{C}}$（$N^*$ 为最优规模边界值，Q 表示自治组织的资源总量，C 表示监督成本）时，自治组织中的监督机制有效；当 $N > N^* = \sqrt{\frac{Q}{C}}$ 时，自治组织中的监督机制无效（孙曰瑶、袁文华，2010）。又结合前面对会员造假行为的经济分析，要解决会员造假问题，必须将行业协会中的人数控制在适当范围之内。

从以上分析可以看出，若不存在其他对会员数目强制性的规定，行业协会为追求利益最大化，必然使会员数目 n 超过自治组织的最优规模边界 N^*，从而导致行业协会内部监督机制失效。这便造成了协会会费收取机制与内部监督机制，对自治组织会员数要求的悖论。又根据我国目前行业协会的现状，可得出以下结论：在会费收取机制的导向下，我国行业协会必然不会采取剔出机制进行内部监督管理，从而导致协会内部监督失效。

7.2.3 行业协会的品牌机制分析

本书认为解决前述悖论的关键在于,改变目前我国协会收入来源的问题。结合我们对品牌经济学的多年研究成果和新西兰奇异果的实际成功经验,我们认为只有将行业协会的会费收取模式转为协会品牌盈利机制,即由向内部会员收费转变为通过品牌来从外部市场获得收益,才是我国行业协会发展的正确道路。

7.2.3.1 行业协会的品牌机制

目前,我国行业协会的会员都是各自拥有自己的注册商标,生产和销售都由自己负责,会员之间存在着激烈的内部竞争关系。同时结合前述悖论,本书认为行业协会应实行协会品牌机制。

第一,取缔各会员注册的不同商标,以协会的名义创建一个统一的注册商标,并以此作为加入协会的条件。

协会可将会员拥有的固定资产(如土地、厂房等)的多少,作为其在协会中所占股份比例的依据,并根据股份的多少决定在协会建立之初的资金投入。

行业协会可将资金用于聘请专业人士进行品牌规划,建立一个统一的品牌定位。这种做法的优势有三个:一是降低了会员内部竞争。所有会员统一运用一个商标,避免了内部多个商标的相互竞争。二是降低收购方的收购费用。由行业协会作为第三方和收购方进行协商,降低了收购方与众多分散的会员协商的交易成本。三是有利于提高商标的品牌信用度。专业人员接受过品牌建设体系的专业培训,具有品牌建设方面的实际经验,有利于正确制定品牌策略和规划。

一个品牌信用度较高的商标,能极大地降低消费者的选择成本(孙曰瑶,2006)。若消费者发现该企业产品质量存在问题,可以直接找协会进行赔偿,即行业协会具有先位代偿权。如图7-1所示,行业协会作为一个独立的品牌所有者，其服务对象的终点顾客为消费者。根据品牌经济学的终点定理①，行业协会直接面向消费者进行品牌建设。协会商标通过较高的品牌信用度降低消费者的选择成本，由此产生品牌拉力，使消费者对协会内会员的产品需求量上升。

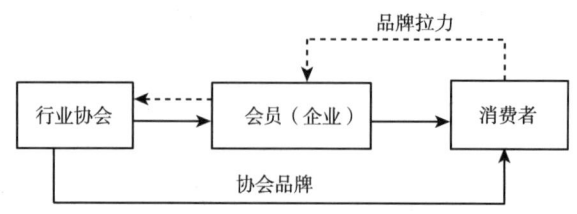

图 7-1　行业协会运营模式示意图

资料来源：作者绘制。

第二，行业协会从其品牌带来的增值部分提取一定比例，作为进一步发展的资金；其他资金按照会员的股份比例分配。例如，该年同类产品的市场平均价格为 P_0，使用某行业协会品牌销售的价格为 P_1，该行业协会通过各种销售手段共销售的产品数量为 Q_0。那么该行业协会的收入可由式（7.19）表示，其中 α 表示从增值部分提取的比例；会员的收入可由式（7.20）表示，其中 Q_i 表示当年该会员的产量。式（7.20）中的第二项，即 $\frac{Q_i}{Q_0}(1-\alpha)(P_1-P_0)Q_0$，可以年终分红的形式发放给各个会员。

$$Y = \alpha(P_1 - P_0)Q_0 \tag{7.19}$$

$$Y_i = Q_i P_0 + \frac{Q_i}{Q_0}(1-\alpha)(P_1-P_0)Q_0 \tag{7.20}$$

7.2.3.2　行业协会实行品牌机制的优势

行业协会采取协会品牌机制，不仅解决了协会会费与内部监督机制之间的悖论，而且还具有以下两点优势。

---

① 终点定理，指的是所有品牌都是为了给最终消费者或用户一个不假思索的选购理由。换言之，不管是最终商品还是中间产品，品牌都必须给最终消费者或用户一个选购的理由。只有最终消费者认可品牌，才能产生品牌拉力，使品牌价值得以实现（孙曰瑶，曹越等，2009）。

(1) 加强内部相互监督机制。行业协会实行品牌机制后改变了其经费收入来源,不再依赖于协会中会员数的多少,因此解决了协会收取会费追求会员数量与内部监督要求控制会员数量之间的悖论。此时协会可根据其资源量,控制会员数,并且采取剔出制度,确保内部监督机制的有效性。

行业协会属于自治组织,由于自治组织有最优规模边界限制,当行业协会实际会员人数大于最优规模(即大于$\sqrt{\frac{Q}{C}}$)时,会员之间的监督成本很高,以至于大于监督收益。此时可以将这些会员分割成若干个小的行业协会,在这些规模较小的行业协会基础上再建立更大范围的行业协会,最终整个行业协会形成网络结构。即:

$$Q = q_1 + q_2 + q_3 + \cdots + q_n \tag{7.21}$$

$$N = N_1 + N_2 + N_3 + \cdots + N_n = \sqrt{\frac{q_1}{C_1}} + \sqrt{\frac{q_2}{C_2}} + \sqrt{\frac{q_3}{C_3}} + \cdots + \sqrt{\frac{q_n}{C_n}} \tag{7.22}$$

在协会中会员数量得到控制后,相互监督机制能得到很好的发挥,再配合以剔出制度,在式(7.16)中体现为C_i和r同时增大。其中,由于我们假设行业协会实行剔出制度,所以造假成本是一个会员所拥有的总资源量(此处指没收全部财产并开除出协会)。

(2) 防止协会和会员联合造假欺骗消费者。协会的收入从其品牌带来的增值部分提取一定比例,由式(7.19)来看,此时行业协会的收入与会员的销售额成正比,极易与会员联合造假欺骗消费者,以获取更大的利益。其实不然,在引入协会品牌后,行业协会的行为可分为以下两种情况讨论。

第一,协会品牌信用度不高。在协会品牌信用度不高的情况下,联合造假对提高会员产品销售额的作用并不明显。在此情况下联合造假不仅不能同时增加行业协会和会员的收益,反而会因质量问题使协会和会员的品牌信用度都下降。理性的会员会选择退出该协会,转而寻求加入品牌信用度更高的协会。

第二,协会品牌信用度较高。从短期来看,品牌信用度较高的协会和会员联合造假,能够同时增加协会和会员的收入。但是从长期来看,联合造假使协会品牌比企业品牌更快地趋于灭亡,原因如下:

假设协会的实际会员总数为N。在实施联合造假行为时,行业协会必然要允许每个会员都造假，则造假的会员数也为 N。由于协会具有先位代偿权，一旦消费者发现产品质量问题，都向协会索要赔偿。假设每个会员生产 100 件假冒伪劣产品，那么向该协会索赔并对其品牌信用度产生质疑的消费者人数便为 100N。由此可见，在联合造假行为中，消费者对协会品牌信任度的降低速度是单个企业会员的 N 倍，协会品牌比单个会员或企业品牌更快地趋于灭亡。因此，对于品牌信用度较高的行业协会来讲，联合造假在较长时间段来看并不是最优的选择，理性的协会将不会选择联合造假。

结论：行业协会从会费收取模式转变为协会品牌机制，并以股份的方式让所有会员参与协会的建设以及增值利益的分享，这种模式能很好地解决目前我国行业协会中协会会费收取机制与内部监督机制，对自治组织会员数要求的悖论。由此对内可增强监督机制，对外能通过品牌信用度较高的品牌降低消费者的选择成本。

7.2.4 行业协会品牌授权管理建议

当行业协会品牌发展到一定阶段，可通过品牌授权进一步扩大盈利，从而获得较高的品牌溢价，此处的品牌授权仅指形象授权。形象授权是指协会通过形象设计等赋予其品牌情感利益，使协会品牌成为某类形象的品类代表。

需要注意的是，根据袁文华、孙曰瑶（2010）的观点，企业品牌授权划分为四个阶段，即假冒伪劣产品的"老鼠"阶段、符合产品质量法的"小白鼠"阶段、视觉夸张设计的"米老鼠"阶段和快乐故事的"米老鼠"阶段。行业协会的品牌建设只有到了第四个阶段，即快乐故事的"米老鼠"阶段才能对其他产品进行形象授权。否则形象授权可能对授权商和被授权商的危险性都较高。

根据本书前述分析，现对阳澄湖大闸蟹的案例进行分析并提出相应的管理建议。

阳澄湖大闸蟹不仅体大、肥美、营养丰富，而且还以青背、白肚、金爪、黄毛成为阳澄湖大闸蟹特点，在螃蟹家族中独占鳌头。但是由于当地蟹业协会在组织上和运作模式上的问题，导致市场上冒牌的阳澄湖大闸蟹肆意泛滥，这一知名品牌的信用度也因此大大受损。

目前关于阳澄湖大闸蟹的行业协会组织结构如图7-2所示，其根本原因是当地的蟹业协会内部会员间监督机制失效，同时每个会员都为自己的商标各自为战，没有形成统一的力量对外部假冒伪劣者实施监管。

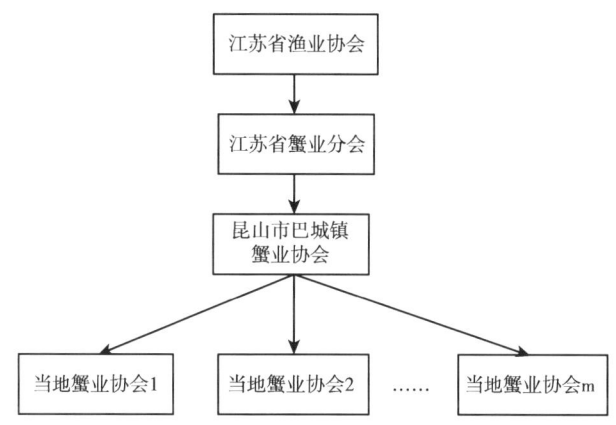

图7-2　阳澄湖大闸蟹的行业协会组织结构

资料来源：作者绘制。

根据本书提出的行业协会品牌授权运营模式，对当地蟹业协会提出以下四点改革建议。

第一，重新制定协会章程，设立严格的剔出机制并改变经费收入来源和支出（相关内容前面已有详细说明，在此不加赘述）。

第二，取消各个会员已注册的商标，协会统一商标并进行品牌建设。在协会内部监督机制和正当竞争有了制度上的保证后，重点是协会品牌的建设问题。那么该如何进行行业协会品牌的建设呢？以图7-2中当地蟹业协会1为例，首先，我们认为应该找准阳澄湖大闸蟹的目标顾客。经过调查分析我们发现，大闸蟹上市时间为秋季，期间有人们非常重视的中国传统节日——中秋节。近几年大闸蟹的名声越来越响，大闸蟹成了顾客送礼的首选，很多顾客都认为送大闸蟹比送月饼有档次、有新意，因为月饼是高糖食物，不适宜吃的人较多，而且身体健康者也不宜多吃。因此当地蟹业协会1可将其品牌定位于礼品类阳澄湖大闸蟹，对产品设定严格的标准，并针对该品类进行一系列的品牌建设。在敏感的品类需求度和精确的品牌策略下，当地蟹业协会1的标识符号可成为礼品类阳澄湖大闸蟹的代言或象征。

第三,将协会品牌用于其他类商品的品牌授权。阳澄湖大闸蟹的特点为"青背、白肚、金爪、黄毛",当地蟹业协会1可据此设计出特点鲜明的卡通型阳澄湖大闸蟹。由于当地蟹业协会1的品牌定位为中秋礼品,因此可将卡通型大闸蟹赋予"团圆"意义的快乐故事,让人们一看到该阳澄湖大闸蟹的卡通形象便感受到家人团圆的快乐。由此,当地蟹业协会1的品牌建设从物质性产品转向情感类产品,并成为"快乐的家人团圆"的代言。此时可将其品牌进行形象授权,如授权给月饼、元宵、饺子等其他产品,并获取高额的品牌授权费用。

前面通过对我国行业协会组织功能失效的根本原因的分析,提出了将协会品牌引入行业协会管理的品牌授权经营模式。为此,我们对行业协会的组织管理提出以下四点建议。

(1) 排除外部干扰,确保行业协会的独立性。目前,我国强大的政府行政干预,已经使这些协会或多或少地受到了干扰,使其自治的独立性受到不同程度的干扰。尤其是协会领导层,多数情况下不是会员选举产生,而是协会挂靠单位等行政部门安排的,从而使协会不是协商出来的。这样一来,协会不能完全体现会员的利益,从而使内部管理机制和监督机制不能顺利实施。

(2) 确保协会中信息的及时传递,培育会员间的监督意识。增强协会会员之间的联系,不仅可以加快信息的交换和对信息的利用效率,同时便于会员间的相互监督。需要传递的信息包括市场信息、组织中的规章制度、会员的违规情况及惩罚、协会品牌的建设情况和会员数的变化等。信息的快速传递有利于企业及时调整生产经营,清楚地认识自己的权利和义务,以及便于会员间相互监督的实施。对于协会品牌,每个会员所拥有的都是一个完整的品牌资源,若某会员售卖假冒伪劣产品,则会影响其他每个人的利益。因此,信息传播中最重要的是告知会员违规带来的损失及检举他人违规给自己带来的收益,培育会员的监督意识。这是行业协会得以健康发展的基本保障。

(3) 保证行业协会中会员人数与总的资源量的合适比例。由于自治组织中存在最优会员规模边界,因此协会中的人数应当根据该边界进行控制。协会中的资源包括实物资源(如阳澄湖的大闸蟹等)和虚拟资源(协会品牌)。若会员人数大于最优规模时，可以将这些会员分割成若干个小的协会，再以小规模的行业协会为基础建立较大的组织，形成网络结构。这样能减小监督成本，使相互监督机制发挥更好的效用。

（4）投资协会品牌建设，并通过品牌授权增加协会中的资源总量。行业协会通过品牌投资建设，提高品牌信用度，由此可以降低消费者的选择成本，提高选择效率。当协会品牌成为某个品类的代言，并从满足消费者的物质利益上升到情感利益时，协会可通过将品牌授权给其他商品，获取高额的授权费，进行品牌价值积累。

7.3 本章小结

行业协会是一个国家市场经济发展水平的标志，目前我国各种行业协会发展非常迅速，但真正发挥作用并引导一个行业健康快速发展的协会非常少。本书从品牌经济学的角度，分析了制约我国行业协会发展的根本原因是协会的经费收入来源问题。目前，我国行业协会的经费收入主要是会员缴纳的会费。协会以该种营利模式运行存在着严重的问题，因为会员的会费和参加协会的企业数目成正比，若协会想要获取更高的收入，就需要发展更多的会员。而在协会组织中，会员数目过于庞大将导致内部监督机制失效。

为解决该问题，本书提出了行业协会应从会费收取模式转变为协会品牌机制，并以股份方式让所有会员参与协会的建设以及增值利益的分享。协会的会费由对内收取会费转变为从品牌建设后的增值利益中提取一定比例。该模式能成功地解决我国行业协会存在的病根，并且已有新西兰奇异果的实际成功经验，是我国行业协会未来发展的方向。另外，本书就管理阳澄湖大闸蟹的蟹业协会为例，提出了一系列切实可行的改革意见。

第8章 基于品牌授权的循环经济案例研究

8.1 作物秸秆循环利用的品牌授权研究

目前,在我国利用作物秸秆制造有机肥的技术已经比较成熟,然而有机肥的施用情况却不乐观。中国农业大学资源与环境学院院长张福锁教授介绍,欧盟现在一半的养分来自有机肥,另一半的养分来自化肥;而我国现在70%~80%都是化肥,有机肥的养分只占20%左右。在作物秸秆的循环利用过程中,农民使用有机肥的局限性导致了循环利用的效率较低。因此,作物秸秆的循环利用,并不是在技术上实现了物质的循环后便能自发循环运作起来的系统,而是需要得到市场认可并产生经济效益,即实现其价值循环后才能使该系统稳定持久地发展下去。同时,为了减少对资源的过度依赖,可通过品牌授权的方式,由资源依赖型转变为品牌溢价型企业。由此看出,作物秸秆循环利用实际上是一个包含物质循环、价值循环和品牌循环的三循环系统,具体模型分析如下。

8.1.1 作物秸秆循环利用的三循环模型

本书在对作物秸秆的循环利用进行分析时,结合实际情况,以山东泉林嘉有肥料有限责任公司为例,对循环企业的发展模型以及存在的问题进行针对性地论述。

山东泉林嘉有肥料有限责任公司隶属山东泉林集团,泉林集团是以浆纸业为核心的大型企业集团,是国家循环经济首批试点企业之一。泉林嘉有公司是全国最大的秸秆综合利用生产企业,公司遵循"取之于田、用之于民、还之于地"的循环规律,以玉米秸秆为原料,依靠独有的提炼技术和喷浆造粒技术,在提取纤维用于造纸的同时,将大量的废弃物生产出独特的木质素为原料的有机肥,在业内独树一帜。泉林嘉有利用天然植物秸秆生产绿色有机肥,发展了"农田→玉米种植→蒸煮工艺提取纤维后的废渣→有机肥料→农田"的循环模式。这既是泉林嘉有一直致力于发展循环经济模式的成果,同时也为农业的可持续发展走出了一条新的路子。泉林嘉有独创的秸秆去纤维精制木素有机肥技术科技成果,经由刘更另院士等组成的专家组评定为国际领先水平,开创了有机肥产业化发展的新模式。

泉林嘉有公司拥有国际领先有机肥制造技术,然而其优质有机肥的销售量却受到市场的限制,不能得到快速的提高。结合图8-1,以下三小节分别对泉林嘉有公司的三循环进行分析。

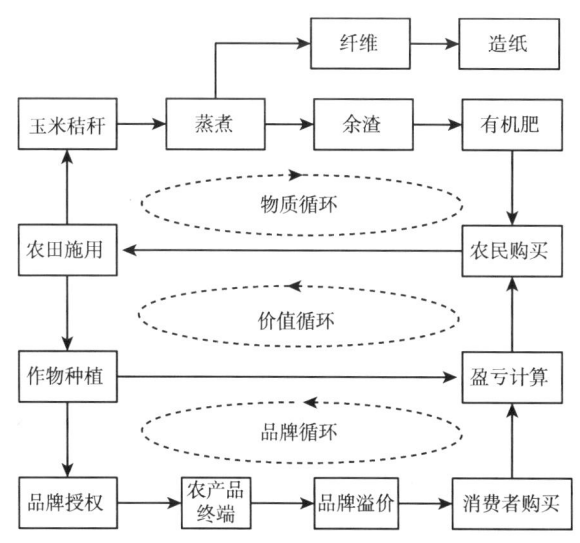

图8-1　泉林嘉有玉米秸秆三循环利用示意图

资料来源:作者绘制。

8.1.2　作物秸秆循环利用的物质循环

在图8-1中,第一个循环为物质循环。泉林嘉有公司在资源利用上实现了物质循环。玉米秸秆经过蒸煮，约有1/4的资源即纤维提取出来用于造纸，剩余的3/4的余渣作为制造有机肥的原料；农民购买有机肥后将其用于玉米等作物种植，玉米收成后余下的秸秆出售给泉林嘉有公司，由此进入秸秆的下一次循环利用。

由于泉林嘉有完全采取物理提取法，因此对环境污染小，同时高温对余渣也起到了很好的杀菌作用。以2010年年初山东泉林集团与长春市签约的200万吨秸秆综合利用项目为例，泉林总投资85亿元人民币，建成后，年产60万吨本色浆、70万吨机制纸、40亿只食品医用包装盒、90万吨有机肥、20万吨植物饲料，同时配套建设30KW热电站、环保处理系统、秸秆收集、打包、运输、储存体系。该物质循环系统中废弃系数较低，γ处于10%以下。因此，泉林嘉有公司在作物秸秆循环利用的物质循环方面已经比较成熟，不存在技术和工艺上的问题。

8.1.3　作物秸秆循环利用的价值循环

在图8-1中，第二个循环为价值循环。泉林嘉有在价值循环上受到一定限制。农民购买有机肥将其施用到农作物中，当农作物收成后，农民通过比较施用有机肥的成本和收入增加值之间的大小，以此来决定种植下一季作物是否继续购买。相比化学肥料，有机肥重在改良了土壤团粒结构、培肥地力，对于产量的直接提高效果较弱。因此，农民在行进盈亏计算时结果往往不理想，影响了在下一季时购买施用有机肥的积极性。

8.1.3.1　农民购买有机肥的决策分析

物质循环的实现由厂商的技术起决定性作用，从目前技术水平来看，实现作物秸秆到有机肥的技术和工艺已比较成熟，因此物质循环能很好实现。价值循环的关键是农民是否购买有机肥，这也是决定整个循环系统的关键。农民的购买决策取决于对农产品的盈亏计算，为便于分析，本书在对消费者的需求分析中做出以下假设：第一，"理性人"假设。假设农民为"理性经济人"，都以追求个人利益最大化为目的，即在支付一定的条件下，追求收益最大化，或

第8章 基于品牌授权的循环经济案例研究

在收益一定的条件下,追求支付最小化。第二,技术假设。假设在研究的时间段内,农作物的种植技术处于相同水平,如在种子培育、害虫防治方面没有较大改变。第三,产品假设,即假设农作物没有差异。

设在 t 时期,农民不施用有机肥时的利润为:

$$R_t = P_t \cdot Q_0 - C \tag{8.1}$$

其中,R_t、P_t、Q_0 分别表示 t 时期农作物的利润、价格和产量。C 表示农作物的成本,包括种子、化肥、机耕、农药、灌溉、脱粒、送粮、人工等。

在 t+1 时期,农民决定是否购买有机肥时的考虑如下:

$$R_{t+1} = (1+\alpha)P_t \cdot Q_0 - C \quad (\text{不购买有机肥}) \tag{8.2}$$

$$R_{t+1} = (1+\alpha)P_t \cdot (1+\beta)Q_0 - (C' + P_0 \cdot q_i + L) \quad (\text{购买并施用有机肥}) \tag{8.3}$$

其中,α 表示在 t+1 时期农产品价格的波动率,β 表示使用有机肥后产量的增加率,P' 表示有机肥的价格,q_i 表示使用的有机肥数量,L 表示施用有机肥的劳动成本。令 $C' - C = \Delta C$,则式 (8.3) 和式 (8.2) 可得:

$$\Delta R_{t+1} = \beta(1+\alpha)P_t \cdot Q_0 - (\Delta C + P' \cdot q_i + L) \tag{8.4}$$

只有当 $\Delta R_{t+1} > 0$ 时,农民才会选择购买有机肥;当 $\Delta R_{t+1} \leq 0$ 时,农民不会选择购买有机肥。并且,ΔR_{t+1} 越大,农民购买有机肥的积极性越高,购买量越大。

从式 (8.4) 可以看出,一方面农民施用有机肥的额外成本 ($\Delta C + P' \cdot q_i + L$) 是确定的;另一方面,在增加的收入项中,虽然农产品产量提高率比较稳定 $\beta \in [6\%, 10\%]$,但是农产品的价格波动 α 波动性很大,农民很难预测。令 $\Delta R_{t+1} > 0$,可以求出使农民收入增加的最小 α 值:

$$\alpha > \frac{\Delta C + P' \cdot q_i + L}{\beta P_t \cdot Q_0} - 1 = \alpha_0 \tag{8.5}$$

由式 (8.5) 可以看出,农产品价格的提高率必须大于 α_0 才能保证农民使用有机肥后的收入增加;否则收入将减少。而农产品价格的波动性非常大,正是这种不确定的收入和确定的成本,很大程度上影响了农民购买有机肥的积极性。

根据"'泉林嘉有'有机肥在玉米上应用效果试验报告",耕种玉米时用有机肥50千克/亩,做基肥施入,常规施肥(尿素18千克/亩,二铵10千克/亩,硫酸钾7千克/亩)各种肥料使用量均减20%,实验结果玉米增产6.12%。

设山东省一位农民在2010年购买泉林嘉有有机肥用于种植玉米,2010年9月玉米收获时期的均价为1.84元/千克,尿素2元/千克,二铵2.8元/千克,硫酸钾4元/千克,泉林嘉有有机肥1.5元/千克。2010年山东每个劳动日(每天8小时)工价平均为42.57元,将50千克有机肥运输并施用到一亩地中大约需要花费4小时。

因此,农民施用有机肥增加的收益为:

$$\Delta R_{2010} = \beta(1+\alpha)P_{2009} \cdot Q_0 - (\Delta C + P' \cdot q_i + L)$$
$$= \beta P_{2010} \cdot Q_0 - (\Delta C + P' \cdot q_i + L)$$
$$= 6.12\% \times 1.84 \times 748.5 - \left[-(18 \times 2 + 10 \times 2.8 + 7 \times 4) \times 20\% + 1.5 \times 50 + 42.57 \times \frac{1}{2} \right]$$
$$= 6.41(元)$$

通过以上计算可以看出,2010年农民施用有机肥收入增加了6.41元,增加率约为0.4%,基本与不施用有机肥的收入持平。在这样的收益率情况下,农民在2011年可能会选择继续购买有机肥,也有可能不选择购买,关键在于农民对2011年玉米价格的预期。因此,建立农产品品牌以稳定其价格是农民放心施用有机肥的重要措施。

8.1.3.2 有机肥厂商需求分析

各个农民的需求量构成了整个有机肥市场的总需求量 Q',即 $Q' = \sum_{i=1}^{n} q_i$,对于单个化肥厂商而言,其需求函数为 $q_j = Af(P', C_c)$。其中,Q' 表示企业产品的需求量,A 表示技术和工艺进步且 $A \in [0,1]$,P' 表示产品价格,C_c 表示消费者的选择成本。根据品牌经济学原理,选择成本(choice cost)是指顾客通过一定的交易费用,获取一组品牌信息集之后,最终从中选择一个品牌所花费的成本。上式满足 $\frac{\partial q_j}{\partial P'}<0$，$\frac{\partial q_j}{\partial C_c}<0$。根据循环经济的双循环特征，技术和工艺的进步实现物质循环是整个系统得以实现的前提条件。因此，当 A = 0 时，即厂商没有从技术和工艺上实现物质的循环，则 $Q_c = 0$；当 A = 1 时，即从技术和工艺上完全实现了物质的循环利用，则 $q_j = f(P', C_c)$。

此时厂商的需求量取决于两个因素，即产品的价格和选择成本。厂商一方面可以通过降低价格来提高产品的需求量。根据新古典经济学的需求定律，价格上升，需求数量减少；价格下降，需求量增加。然而在现实生活中我们发现，占有较大市场份额的产品往往不是价格最低的产品，价格战的结果常常是企业自身无法承受巨大的亏损而破产。因此降低价格只能在一定程度上增加产品的需求量。另一方面，厂商可以通过品牌建设来降低产品的选择成本，从而增加产品的需求量。根据品牌经济学原理，设企业的生产能力为 Q_y，又根据产品的选择能力（即实际销售量）为 Q_c，选择成本为 C_c：$C_c = \sum C_{ck}(k = 1, 2, \cdots, n)$。则有以下关系式：

$$Q_y = Q_c + C_c \tag{8.6}$$

根据以上分析可以得出生产效率 E_y：

$$E_y = \frac{Q_c}{Q_y} \tag{8.7}$$

选择效率 E_c：

$$E_c = 1 - \frac{C_c}{Q_y} = \frac{Q_c}{Q_y} = E_y \tag{8.8}$$

显然可以看出实际生产效率恒等于选择效率。即在生产能力一定的前提下，外部的市场选择效率决定了内部的生产效率。

当 $C_c > 0$ 时，$Q_y > Q_c$，$E_y < 1$，$E_c < 1$，表明选择效率低导致生产能力超过选择能力，企业将出现生产过剩，企业内部资源出现闲置。当 $C_c = 0$ 时，$Q_y = Q_c$，$E_y = 1$，$E_c = 1$，表明选择效率达到最大值，生产能力与选择能力均衡，即消费者用于选择的成本为零。此时厂商的生产效率将永恒地处于最高状态。由以上分析可以看出，通过品牌建设降低消费者的选择成本是使企业的生产效率

达到最高的保障。换言之，使价值循环顺利实现的重要保障是品牌建设。从目前来看，在价值循环上，泉林嘉有受到政府政策和资金的资助，公司所在地政府将该企业作为重点扶持对象，这在一定程度上帮助了泉林嘉有价值循环的顺利实施。

8.1.4 作物秸秆循环利用的品牌循环

在图8-1中，第三个循环为品牌循环。泉林嘉有可加强品牌循环的建设，以促进企业价值循环的顺利实施。

8.1.4.1 品牌信用度的建设

在价值循环中，受农作物收入的限制，农民在进行盈亏计算时收益较小，导致购买有机肥的积极性降低。通过以上分析可以看出，农产品的价格是制约农民大规模施用有机肥的关键因素，因此，泉林嘉有如何减少农产品价格的波动以解决农民收入不确定性的问题，是厂商推广有机肥使用的关键。理论上，农产品的价格是由市场的供给和需求来决定的；而近年来，游资对农产品的疯狂炒作使农产品的价格大起大落，严重偏离了市场需求规律。

本书认为建立农产品品牌是稳定价格的最好手段。个体或分散农户无法注册商标，而协会组织或合作社即使注册了商标，也难以成功地将商标培育成为真正的品牌，因为品牌的建设过程不仅需要大量的资金支持，而且需要相关专业知识。因此，有机肥厂商应利用自己的资金及专业优势帮助农民建立起农产品品牌，以此稳定农产品价格，扩大有机肥的需求量。

由图8-2可以看出，作物秸秆由泉林嘉有加工生产成有机肥后出售给农民，农民利用有机肥生产出农作物，最后出售给消费者。如果将循环系统看作一个整体的话，终端消费者的购买是整个系统得以持续发展的动力，换言之，循环系统的最终产品必须获得市场的认可才能使循环系统持续下去。在这个循环体系中，泉林嘉有在资金、技术和规模上相比于其他环节具有优势，因此我们称其为该系统的中枢企业。即中枢企业是指在整个循环体系中占据主导地位并且具有定价权的企业。根据品牌经济学理论，中枢企业产品直接面向消费者

第8章 基于品牌授权的循环经济案例研究

进行品牌建设，可产生品牌拉力效应。品牌拉力就是通过企业产品的品牌直接对终端顾客产生影响，提高终端消费者对本企业产品的选择效率，从而在市场上指明购买企业产品。这种营销方式是通过品牌降低了终端消费者的选择成本，通过终端消费者选择的力量来拉动企业产品的销售。如图8－2所示，中枢企业对最终消费者进行品牌建设后，消费者通过提高对本企业产品的选择效率，从而拉动整个循环链的需求。

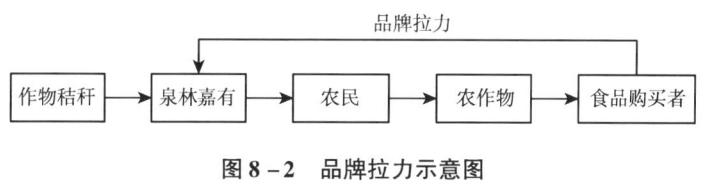

图8－2 品牌拉力示意图

资料来源：作者绘制。

目前，随着生活水平的提高，人们对健康食品的需求越来越大。从农产品市场价格来看，有机农产品的价格高于普通农产品50%至几倍，绿色农产品的价格高于普通农产品10%~20%，无公害农产品的价格略高于一般农产品。根据《全国农业标准2003~2005年发展计划》，无公害农产品、绿色农产品和有机农产品都需要相关部门的认证。而农民受自身资金规模和知识等的限制，在对其产品进行认证和品牌建设方面存在较大缺陷。因此，在该循环圈中，泉林嘉有应发挥规模和资金的优势，对终点消费者直接进行品牌建设，利用品牌垄断来获得定价权。

因此，泉林嘉有可采取面向消费者的品牌传播策略，打造一个绿色有机食品品牌，假定其注册商标是A，凡是使用本公司有机肥并且种植过程符合绿色食品或有机食品的农户，泉林嘉有可授权其使用商标A销售产品。泉林嘉有通过品牌建设，将商标A建成目标顾客选择成本为零的品牌，因此该农产品可以通过各种终端形式，以高于同类普通产品的价格也即品牌溢价销售给消费者。实现了这个品牌溢价循环之后，农民获得了较高的农产品收益，再进行盈亏计算时，盈利水平的提高必将促使其进一步购买泉林嘉有的有机肥。

8.1.4.2 品牌授权模式的发展

在对A品牌的建设发展过程中，泉林嘉有可将其标志进行美术设计，将其形象提升为"绿色健康生活"的代言或象征。当其品牌信用度较低时，可从增加的销售收入中提取一定的授权费；当其品牌信用评级上升到 0.8 以后，则可以采取销售收入比例提成收取授权费，同时可以进行更广泛的授权，如授权给家具生产商、玩具生产商等各类相关产品。

企业在进行品牌建设时需要明确的首要问题是，谁是产品的真正目标顾客。有机肥作为一种农业生产资料，厂家面对的直接消费者是农民，间接消费者是农产品购买者。根据品牌经济学原理，终端消费者的选择行为是产品链条的根本动力，这对中间产品的生产商尤为重要。

综上所述，泉林嘉有目前在物质循环方面非常成功，可进一步通过品牌循环的方式促进其价值循环，以此从根本上解决农民使用有机肥的担忧，扩大有机肥的销售量。物质循环、价值循环和品牌循环的相互促进，将保证泉林嘉有循环经济的快速稳定发展。

8.1.5 作物秸秆循环利用的政策建议

通过对循环经济运行模式的研究，并且根据泉林嘉有公司目前的情况，我们对其提出以下三点建议。

第一，发展有机、绿色和无公害的健康农产品，将泉林嘉有打造成为"健康农产品"的代言。以上三类农产品正在逐步成为百姓消费的热点，成为标示农产品安全、健康、环保的新概念，而且价格也比普通农产品高。因此，我们建议泉林嘉有把中高收入家庭作为目标人群，向他们提供高质量、高价格的健康食品。泉林嘉有可以与农户合作，建立无公害、绿色或有机农产品的基地，并且提供本公司的有机肥以及技术和认证上的指导。同时，泉林嘉有对该类农产品使用统一商标，向消费者进行品牌建设，将品牌优势转化为价格优势。

在进行品牌建设过程中应注意的是，"泉林嘉有"这个商标已是一种有机肥的名称，并在一定范围内得到了消费者的认可，因此，在对健康农产品进行品牌建设时，应避免直接使用"泉林嘉有"名称，以免给消费者带来不好的品牌联想。

第二，重点向大棚种植推广使用有机肥。有机肥的主要作用不在肥效本身，而在于改良土壤。由于我国土地为非私有制，种植者多考虑短期效益，同时由于施用有机肥的劳动强度大、肥效低等原因，大田作物要大规模的推广使用有机肥需要政府引导和补贴。而在大棚种植中，由于灌溉用水量大导致化肥流失现象严重，施用有机肥一方面能改良土壤，另一方面能保持水分，减小化肥流失量。大棚种植产量高、经济效益好，是泉林嘉有有机肥很好的直接目标消费者。

第三，努力争取政府支持，加快企业发展进程。发展认证农产品生产，需要质量技术监督、农林、工商、商检、卫生、环保、科技、法制等部门的密切配合，通力协作。一方面，泉林嘉有要保证农产品质量，争取得到政府关于无公害、绿色和有机农产品的认证，增加消费者对产品的信任，提升品牌信用度。同时，泉林嘉有还应最大化地发挥政府的作用，首先是资金上的支持，其次是宣传上的支持。在资金上，充分了解当地政府关于无公害农产品、绿色食品和有机食品产业发展的方针政策，积极争取优惠条件。在宣传上，争取政府媒体的报道，这比广告宣传具有更高的可信性。

第四，充分利用品牌优势，发展第三方认证。泉林嘉有可通过一系列的品牌策略，建立起一个较高品牌信用度的商标；当该商标成为健康农产品的代言或象征时，可用该商标对使用其有机肥并且质量合格的散户进行认证。政府对农产品的认证本身属于第三方认证行为，但是其程序复杂，而且对农产品的规模等限制条件非常多，不适用于分散的农户。因此，泉林嘉有可以通过自身的品牌优势对这些农户的产品进行检验和认证，由此提高农产品的价格。

第五，运用免费派生策略。对作物秸秆进行循环利用的企业，所获得产品如泉林嘉有的有机肥，存在成本约束，单纯的产品销售难以实现价值循环。为此，可以采取免费派生策略，也即企业的基本业务实现了物质资源的循环利用。派生业务（即品牌授权业务）突破了资源的局限性，扩大了产品的盈利空间。因此，实行循环经济的企业在品牌建设过程中，要以实现品牌授权这一长远目标为最终目的，促使循环经济更快更好地发展。

作物秸秆循环利用要稳定持续发展下去必须实现三循环，即物质循环、价值循环和品牌循环。"三循环模型"中的物质循环和价值循环使循环经济本身的顺利发展得到保证,而品牌循环使企业的盈利模式将从资源本身转向到非资源方向,从而保证了资源的可持续发展。只有实现了三循环,才能充分利用市场经济,帮助技术上获得成功而市场循环难以实现的企业走出"只循环不经济"的怪圈。

8.2 流域生态补偿持续发展的品牌授权研究

随着我国经济的快速发展,水资源紧缺和污染问题已经成为制约许多城市发展的重要因素。长期以来,我国以政府强制性手段实施流域生态保护措施,然而自20世纪90年代以来,在面对越来越多的环境问题时,传统的政策手段显得捉襟见肘。因此,流域生态补偿机制的研究和应用受到学术界和实践部门的广泛关注。然而由于缺少完善的生态补偿体系,我国流域生态环境保护出现了一系列问题,如我国流域水资源生态补偿进展缓慢;地区之间发展不平衡,形成了上游负担、下游受益的格局,导致地区之间发展不平衡等。本书对现行的生态补偿机制进行了分析,发现目前的补偿方式并不能从根本上解决区域间发展不平衡的问题,进而在三循环模型的指导下,提出了以品牌授权为核心的生态补偿机制,为我国生态补偿机制的发展提出了相关建议。

8.2.1 现有流域补偿方式的缺陷分析

8.2.1.1 现有研究简述

生态补偿是以保护和持续利用生态系统服务为目的,以经济手段为主要方式,调节利益相关者关系,减少或消除外部性的制度安排。[①] 按照生态补偿的实施手段差异,可分为市场主导和政府主导两类。市场主导模式是指在政府引导下,生态服务消费者直接与提供者协商价格并购买服务。而政府主导模式指

---

① 中国生态补偿机制与政策研究课题组. 中国生态补偿机制与政策研究 [M]. 北京:科学出版社,2007.

政府作为第三方机构代表生态服务消费者与提供者协商价格并购买服务，第三方机构并不仅限于政府，还包括非政府组织、非营利组织等（王军峰等，2011）。部分学者认为市场主导的方式效率更高，双方可以根据自身掌握的不同信息进行谈判，最终在补偿金额上达成一致意见；当市场调节失灵时，才能充分运用政府调控（Pagiola，2007）。

研究生态补偿标准的定量测算方法，是目前需要解决的重要问题。从现有生态补偿的计算方法来看，国内外对于生态补偿标准的计算主要为支付意愿法（WTP）、机会成本法、收入损失法、总成本修正模型、费用分析法和水资源价值法，在这方面做出了深入研究的学者包括郑海霞等（2007）、徐琳瑜等（2006）、刘晓红等（2007）、吕志贤等（2011）、禹雪中等（2011）。

通过对现有文献的梳理，我们发现目前流域生态补偿的方式主要有两种：一是转移支付，即通过不同的核算方法对利益受损者进行经济补偿；二是产业转移，将具有污染性的企业部分或全部由流域生态保护区转移到下游地区。对于转移支付的核算方法，由于计算难度非常大，而且容易产生测算失误的情况，目前仍没有找到一种普遍公认的合理计算方法，补偿的金额非常有限；产业转移的方式对流域上游地区的经济发展有一定促进作用，但受地域的影响，上游地区在就业等方面仍有较大问题。因此，已有的补偿方式并没有解决目前我国流域地区存在的主要问题，即"少数人负担，多数人收益；上游地区负担，下游地区收益；贫困地区负担，富裕地区收益"的不合理局面。

8.2.1.2 现有流域补偿方式的缺陷

现有的流域生态补偿核算方法主要包括两种：一是基于水环境保护成本的核算方法；二是基于水资源保护价值的核算方法，即根据上游地区保护水资源所产生的价值作为下游地区需要支付的补偿量。以下分别对这两种补偿方式的不足之处进行分析。

(1) 基于水环境保护成本核算的缺陷分析。

在研究中，大多数研究者是根据保护成本来确定的补偿标准（刘玉龙，2007；黎元生等，2007；蔡邦成等，2008）。在实践中，这种基于保护成本的核算方法已有探索性的应用，如河南省颁布的《水环境生态补偿暂行办法》

明确了地表水水环境生态补偿的实施办法。这种方法是否能解决区域之间不平衡发展的问题呢？我们进行以下分析。

假设 A 为流域上游的城市，B 为下游城市。如果 B 采取水环境保护成本的核算方式对 A 进行补偿，用 R_A 和 R_B、Y_A 和 Y_B、C_A 和 C_B 分别表示 A 区和 B 区在水资源利用上的利润、收入和成本，则 A、B 的利润函数可分别表示为：

$$R_A = Y_A - C_A = \delta \cdot W - (C_0 + r_A \cdot W) = (\delta - r_A)W - C_0 \qquad (8.9)$$

其中，δ 表示每治理一单位污染物的成本，W 表示 B 区的用水量，C_0 表示 A 区治理水资源的成本，r_A 表示单位水资源的污染给 A 区带来的收益，$r_A \cdot W$ 表示 A 区保护水资源的机会成本。

$$R_B = Y_B - C_B = r_B \cdot W - \delta \cdot W = (r_B - \delta)W \qquad (8.10)$$

其中，r_B 表示单位水资源的污染给 B 区带来的收益。对于生态补偿方式，只有当双方共赢时（即当 $R_A > 0$ 和 $R_B > 0$ 同时满足时），该补偿方式才能稳定持久的保持下去。对 B 区而言，赔偿给 A 的每单位水资源的治理费用远远小于每单位带来的收益，因此 $R_B > 0$ 能够得到保证。但对 A 区而言，由于其机会成本难以估计，因此其利润的计算存在很大的不确定性。有时机会成本被极大地忽视，使 R_A 的计算结果大于零。机会成本的忽视使 A 区承受了更多的保护水资源的义务，而没有享受到合理的利润；随着 A 区经济的发展，其机会成本会越来越大，最终导致 $R_A < 0$，从而使该保护机制不能长期维持。

（2）基于水环境保护价值核算的缺陷分析。

基于水环境保护价值的核算方法目前仅处于研究阶段（徐琳瑜等，2006；李怀恩等，2010），实践中没有实施。我国依据地表水水域环境功能和保护目标，按功能高低被划分成五类①，每类都有严格的指标进行衡量。这种补偿方式的思想是，A 区对于水资源保护得越好，获得的收益越大。在这种情况下 A、B 的利润函数可分别表示为：

---

① Ⅰ类主要适用于源头水、国家自然保护区；Ⅱ类主要适用于集中式生活应用水地表水源地一级保护区、珍稀水生生物栖息地、鱼虾类产场、仔稚幼鱼的索饵场等；Ⅲ类主要适用于集中式生活饮用水地表水源地二级保护区、鱼虾类越冬场、洄游通道、水产养殖区等渔业水域及游泳区；Ⅳ类主要适用于一般工业用水区及人体非直接接触的娱乐用水区；Ⅴ类主要适用于农业用水区及一般景观要求水域。

$$R_A = Y_A - C_A = \beta(1-\alpha)N \cdot r_B \cdot W - (C'_0 + r_A \cdot W) \qquad (8.11)$$

其中，N 表示国家规定的水资源中所含污染物的最大值，如果 A 区排放的污染物为 αN，则 B 区允许排放的污染物为 (1-α)N，β 表示 A 区按照该比例收取补偿金。

$$R_B = Y_B - C_B = (1-\beta)(1-\alpha)N \cdot r_B \cdot W \qquad (8.12)$$

从式（8.12）可以看出，这种补偿方式使 A 区的收益与保护水资源的优劣程度结合起来，有利于调动 A 区保护的积极性。但是这种方法计算的补偿量过大，使 B 区的负担较重，且实际的计算方法不成熟。在执行中，存在着取样地点及检验过程的争执等，使交易费用加大，效率降低。因此这种方式仅限于研究阶段，实际操作可能性较低。

8.2.2 基于品牌授权的流域生态补偿机制分析

从以上分析可以看出，目前的生态补偿机制并不能很好地保证流域保护区和受益区的可持续发展，从而形成了现有的"少数人负担，多数人收益；上游地区负担，下游地区收益；贫困地区负担，富裕地区收益"的不合理结果。生态保护区作为一个水资源丰富的城市，为保护水资源其放弃了发展具有污染性的工业；同时其低价输出原始资源，却需要高价购入最终产品，上游地区如果继续处于这种状态，则将出现严重的"抽血"效应：通过输出低增值的初加工产品，输入高增值的深加工和消费品，导致价值净输出。因此如何实现上下游地区经济的平衡发展，是目前我国生态补偿面临的一个重要问题。

生态补偿，应该以提高生态保护区的人均生活水平，减少保护区和受益区的经济发展差距为目标。然而，目前直接补偿一定金额的方式，并不能长期从根本上解决该问题，为此本书提出了基于品牌授权的生态补偿机制，其核心思想是：首先将生态保护区良好的环境商品化，并注册成为一个合法的集体商标；在受益区的协助和监督下，通过一系列的品牌建设手段，将该商标转化为某种快乐品类的代言；最后通过品牌授权获得相应的溢价，实现上下游双方的共赢。具体过程可分为以下四个阶段。

8.2.2.1 集体商标的注册阶段

根据 2008 年我国环境保护部和中国科学院颁布的《全国生态功能区划》文件,可将位于某条流域上的城市划分为生态保护区和生态受益区。生态功能区的划分,能指导区域生态保护与生态建设、产业布局、资源利用和经济社会发展规划,协调社会经济发展和生态保护的关系。生态保护区中对污染性工业有较严格的限制,有利于农产品的生产和发展。因此,农作物是其具有比较优势的产品。然而农产品由于具有高度的同质性,并且近年来由于游资的炒作,导致农产品价格波动非常大,农民的收入常常不能得到保障。

目前,随着生活水平的提高,人们对健康食品需求越来越大。从农产品市场价格来看,有机农产品的价格高于普通农产品 50% 至几倍,绿色农产品的价格高于普通农产品 10%~20%,无公害农产品的价格略高于一般农产品。根据《全国农业标准 2003~2005 年发展计划》,无公害农产品、绿色农产品和有机农产品都需要相关部门的认证。而农民受自身资金规模和知识等限制,在对其产品进行认证和品牌建设方面存在较大缺陷。农民在知识技术方面受到较大限制,从而很难依靠自身规模在农产品的价格上形成优势。因此,在生态保护区中,利用协会组织或合作社来进行相关产品的认证,可帮助农民在一定程度上解决认证的问题。

假设在生态保护区中,存在 $X_i (i=1,2,\cdots,n)$ 种农作物。由于环境保护好,污染性工业少,加上后期对农药和化肥的限制性使用,可设计一个代表良好环境的标志,由当地政府,或者委托相关协会或合作社注册成集体商标。所谓集体商标(collective mark),是指以团体、协会或者其他组织名义注册,专供该组织成员在商事活动中使用,以表明使用者在该组织中的成员资格的标志。

根据品牌经济学原理,在选择成本的分析范式下(孙曰瑶,2006)[①],引入选择成本的农作物需求函数可表示为 $Q = f(P, C_c)$,且 $\frac{\partial Q}{\partial C_c} < 0$。其中 Q、P 分

---

① 所谓选择成本(choice cost),是指通过交易费用,目标顾客获取一组品牌信息之后,从中选择一个品牌所花费的成本,用符号 C_c 表示。选择成本的高低决定了消费者的选择效率,从而影响产品需求量。

别表示产品的需求量和价格；C_c 表示选择成本。在价格一定的条件下，选择成本越高，需求量越小；反之亦然。进一步的，选择成本是关于品牌信用度的函数。品牌信用度（brand credit degree）是指通过排他性的品牌符号向目标顾客做出并做到某种品类承诺的程度，用符号 B 来表示，$B \in [0,1]$。可表示为：

$$Q = f(P, C_c) = f[P, C_c(B)] \tag{8.13}$$

$$\frac{\partial C_c}{\partial B} = -\gamma B^{-2} < 0, \quad \frac{\partial Q}{\partial B} = \frac{\partial Q}{\partial C_c} \cdot \frac{\partial C_c}{\partial B} > 0 \tag{8.14}$$

从式（8.14）可以看出，品牌信用度越高，消费者的选择成本越低，进而农产品的需求量越大；反之，品牌信用度越低，消费者的选择成本越高，则农产品需求量越小。因此，品牌信用度是决定产品需求量的根本因素，与市场需求量成正比，为此可构建产品的反需求函数为 $P = B - cQ$（$c > 0$）。则农民的收入可表示为：

$$R = P \cdot Q = (B - cQ)Q = BQ - cQ^2 \tag{8.15}$$

对式（8.15）求导可得最优生产规模，$\frac{\partial R}{\partial Q} = B - 2cQ = 0$，解得 $Q = \frac{B}{2c}$。代入式（8.15）可得最大化利润 $R = \frac{B^2}{4c}$。由此可见，品牌信用度 B 是决定农产品需求量和农民利润的关键因素。在集体商标的注册阶段，该商标仅仅是一个受法律保护的标志，对消费者而言品牌信用度非常低。因此，此阶段农作物的需求量较低。

该阶段需要解决的问题是，在生态保护区内，通过合作社或行业协会的组织方式，对农产品的质量进行监督，使其达到绿色食品等的标准，并通过相关部门的认证。

8.2.2.2 集体商标的品牌建设阶段

提高商标的品牌信用度可以降低消费者的选择成本，从而提高消费者对该农产品的选择效率。该阶段需要生态受益区为保护区提供品牌建设的相关费用，提供专业的品牌建设团队，配合保护区的品牌建设开展一系列的推广活动，以保障品牌建设的成功。这是本书所提出的生态补偿的核心，补偿一定数额的货币并不能从根本上解决生态保护区的发展问题,而通过品牌的建立和发展能给保护区带来持续的收益,这才是生态补偿的根本目标。

品牌信用度的提高可导致农产品的需求曲线发生变动。如图8-3所示,需求曲线 D_1 为品牌建设之前的需求曲线,D_2 为成功品牌建设后的需求曲线。如图中所描述,当品牌信用度提高后,消费者的选择成本降低,从而使在任意价格水平下,D_2 比 D_1 的需求数量都大,即 $Q_2 > Q_1$。实际上,当品牌信用度提高后,人们对该商标所代表的商品的情感发生了很大变化,从而使其需求曲线变为另一条需求曲线。此时需求曲线右移,并且更加缺乏弹性。因此,该阶段农民的最大化利润 $R = \dfrac{B^2}{4c}$ 将随着品牌信用度 B 的增加而提高。

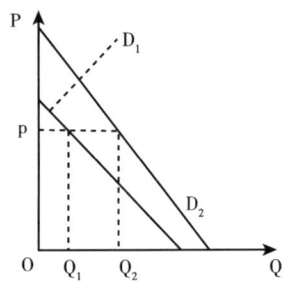

图 8-3 品牌建设前后需求曲线的变动

资料来源:作者绘制。

在集体商标的建设过程中存在两个重要问题:

第一,当该商标由于品牌信用度提高而获得较高的品牌溢价时,随之而来的严重问题是保护区以外的产品可能会大量流入该区域,导致产品质量得不到保障,使品牌信用度下降。产品质量是品牌建设的根本,要充分利用自治组织内部的相互监督机制。根据袁文华、孙曰瑶(2012)的相关研究,行业协会从现有的会费收取模式转变为协会品牌机制,并以股份的方式让所有会员参与协会的建设以及增值利益的分享,这种模式能有效地增强组织内部的监督机制。

第二,集体商标的使用者以追求自身利益最大化为原则,对品牌的保护意识非常薄弱,因为使用者众多,合作社和生态受益区的监管成本比较高。因此,可采用"集体商标+农户名字"的方式对产品进行标注,使商标保护的责任落实到每一个使用者身上。一旦发现产品质量出现问题，可以准确地找到责任人，大大降低监管成本。

该阶段需要解决的问题是，通过提高注册商标的品牌信用度，降低消费者的选择成本，从而增加农产品的市场需求量，从根本上提高农民的收入；同时，作为生态补偿，受益区应为保护区提供品牌建设的相关费用，提供专业的品牌建设团队，配合保护区的品牌建设开展一系列的推广活动，以保障品牌建设的成功。

8.2.2.3 生态受益区的市场开放阶段

在完成第一、第二个阶段的任务后，生态受益区的市场应向保护区开放。这里指的市场开放主要包括两方面的内容：一是政府的定向采购，受益区政府的采购使保护区的农产品销售有了基本保障，同时相比于直接支付生态补偿费用，这是一种双赢的补偿方式。二是市场的开放，受益区通过一定的优惠政策接受保护区农产品流入本地市场。生态保护区的农产品品牌以本地市场和下游地区市场为基础，可进一步通过借势和造势等手段，不断提升品牌知名度，增加品牌信用度。

当企业在正确的品牌策略条件下，不断提升品类度从而使品牌信用提升到0.8以上时，A厂商产品的需求量将大大增加。然而拥有信用度较高的品牌是进行品牌授权的必要条件，而不是充分条件。那么什么样的品牌才能成功进行授权呢？根据品牌品类度的公式 $b = g(m, e) = m^{1-\alpha} e^{1-\beta}$，其中，m表示产品的物质利益，e表示产品的情感利益。在同质化的条件下，商品提供给消费者的物质利益完全相同；而不同品牌由于定位差异带给消费者的情感利益差别非常大，正是由于情感利益的差异决定了品牌品类度。从现有学术成果来看，快乐情感的特性决定品牌品类具有高度敏感性，因此只有当品牌上升为某种快乐的象征或代言时，品牌延伸才能取得成功。品牌授权是一种特殊的品牌延伸，快乐情感依然是品牌授权的前提条件。因此，在品牌建设过程中，要始终不断突出其"快乐情感"的利益点，同时应设计一个能代表该品牌的卡通形象，不仅能通过一系列的快乐故事提升品牌信用度，而且也为下一阶段中的二次转换做好准备工作。

同时，生态受益区应对保护区农产品的品质进行严格监督，一方面保证流入自身市场的产品质量，另一方面保护品牌建设成果。

8.2.2.4 品牌授权阶段

品牌授权可突破资源的限制，扩大农民的盈利能力。集体商标的使用有较为严格的规定，具体可参照《集体商标、证明商标注册和管理办法》。法律中规定"集体商标不得许可非集体成员使用"，该规定旨在保护集体成员对商标的使用权，防止他人的违规使用。然而该规定也是一把"双刃剑"，在保护成员利益的同时，集体资源总量也被限制在了一定范围之内。例如，地理标志产品"阳澄湖"大闸蟹，是归属于当地蟹业协会的一个集体商标。关于对集体商标的规定使当地蟹农的利益受到了保护，但同时使阳澄湖大闸蟹的总量被限制在了成员能养殖的最大范围内。集体成员在产量达到最大化后，如何突破资源的限制进一步加大盈利空间呢？本书认为，通过品牌授权，保护区的盈利模式将从资源本身转向到非资源方向，从而保证了资源的可持续发展。

集体商标不同于个体商标，受到相关法律规定的限制，在进行品牌授权前必须进行商标的二次转换。集体商标的一次转换是指，通过一系列的品牌建设策略提升商标的品牌信用度，将商标转换成为品牌的过程。商标的二次转换是指，当集体商标转换为品牌后，将代表该品牌的形象注册成为非集体商标的过程，如图8-4所示。

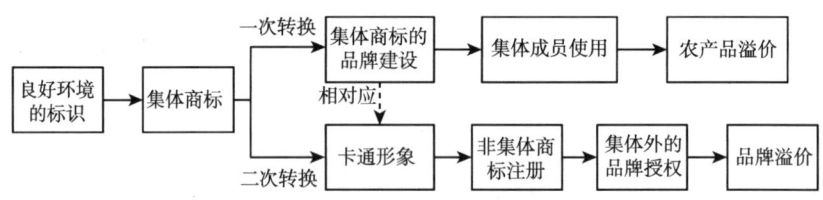

图8-4 集体商标的溢价过程示意图

资料来源：作者绘制。

根据成本收益分析，保护区农民种植某种农产品的收益 $\pi = P \cdot Q - C$。短期内排除技术进步的因素，该地区农作物的总产出 Q 是一定的。一次转换（即商标到品牌）使农产品的价格从 P 上升到 P'，增加了农民的收入。二次转换的目的是突破资源的总量的限制，将代表该集体商标的形象注册成为一个非集体商标,归属于个人或企业,协会或自治组织以参股的方式分享该形象授权所获得的收益。

二次转换中注册的非集体商标,是在品牌建设过程中能完全等同于该集体商标的形象。本书建议采取卡通形象作为集体商标的形象代表,主要基于以下两点原因:第一,卡通形象可以进行夸张的、与实物形象相反的设计,超出人们的经验常识,能带来很大的想象空间和牢固的记忆。例如,将老鼠的尖嘴,设计成米老鼠的宽嘴;将老鼠的粗腰,设计成米老鼠细细的蜂腰。第二,可以赋予该形象一系列快乐的情感故事,使之与消费者产生情感上的共鸣。最终使消费者一看到这个形象,就想到它身上发生的所有快乐故事。这种快乐的情感体验是成功授权给其他商品的保障。

如果集体品牌在二次转换后,成功地实现了品牌形象授权,此时在生态保护区中,种植某种农作物的总收入变为:

$$R' = \frac{B'^2}{4c} + \theta \sum_{i=1}^{n} Q_i \cdot P_i \qquad (8.16)$$

其中,θ 表示授权费比率。由式(8.15)的利润最大化的解 $R = \frac{B^2}{4c}$。与式(8.16)相比,一方面,品牌信用度的提高(即 $B' > B$)使农产品本身的需求量上升;另一方面品牌授权扩大了盈利空间。因此 $R' > R$。

8.2.3 流域生态补偿的政策建议

目前,我国的生态补偿工作才刚刚起步,要大范围地付诸实施还面临着不少问题。实践部门和学术界正在不断积极探索,努力实现生态补偿的法制化、规范化,推动各个区域走上生产发展、生活富裕、生态良好的文明发展道路。本书在上述理论的分析基础上,对我国生态补偿机制的建设和发展提出以下三个建议:

第一,建立合作社或行业协会等机构,在组织上保证该生态补偿模式的实施。任何政策的实施都需要稳定的组织保障,因此成立合作社或行业协会是开展一系列活动的基础,是建立该模式首先需要解决的问题。同时,合作社或行业协会内部应建立有效的监督机制来规范竞争秩序。从我国的实践来看，目前，我国也有众多的自治组织，如各个行业自治协会、村民自治组织等，但大部分运营不佳或无所作为。在自治组织内部设立剔出机制或其他较严重的惩罚机制，保证成员间有条件相互监督。相互监督机制是自治组织得以稳定运行的保障，若缺乏相互监督则无法维持组织中的规章制度。对违规者严重的惩罚一方面增加了违规成本，另一方面提高了监督收益，所以能较好地使自治组织中的相互监督机制发挥作用。

第二，聘请专业团队，保证品牌建设的精确性。集体商标的注册、管理和运营等需要一个非常专业的团队来领导，专业人员接受过品牌建设体系的专业培训，具有品牌建设方面的实际经验，有利于正确制定品牌策略和规划。例如，新西兰奇异果果农的自发组织的"新西兰奇异果国际行销公司"通过聘请职业经理人团队来制定组织计划、品牌推广、渠道建设，最终完成每年7000万箱奇异果在全球的销售。

第三，发挥生态受益区资金和市场的优势，协助保护区的品牌建设。品牌建设的关键是产品质量，这是品牌建设的"桶底"，若没有"桶底"，水桶一滴水也盛不了。质量好不一定保证企业成功，质量不好却能使企业必定失败，因为在竞争条件下，即使顾客不清楚质量问题，但竞争对手的眼睛是雪亮的，因此受益区一定要对保护区产品的质量始终严格把关。同时，受益区的市场要首先向保护区开放，并且向其提供专业的指导，以协助保护区进行品牌建设。

8.3 大型公共设施循环利用的品牌授权研究

近年来，我国各城市花巨资建设各类大型会展中心、体育馆、博物馆等，然而这些大型公共设施建设完成后的管理、运营、维护等问题，几乎成为各大城市共同的难题。据了解，一个10万平方米规模的城市会展中心、体育中心一年的维护成本在4000万元以上。而我国部分大型公共设施闲置时间较多，不仅造成严重的资源浪费，而且亏损情况很严重。

第8章 基于品牌授权的循环经济案例研究

8.3.1 我国大型公共设施存在的问题

大型公共设施的利润情况可以简单地描述为：利润＝收入－（固定成本＋维护成本）。对于我国绝大部分已建造的大型公共设施，其存在的问题就是，高额的建造成本（也即固定成本）已经投入，在运营过程中还有一系列的维护成本；但是其收入来源却无法保证。因此，大部分的大型公共设施成为当地政府的严重负担。

以北京奥运会场馆赛后的利用情况为例，奥运会期间，北京共建设了31个奥运场馆，其中12个新建场馆、11个改建场馆和8个临建场馆。其中，最著名并且利用率最高的两座场馆是"鸟巢"和"水立方"。"鸟巢"花费了4.71亿美元，按照目前的盈利情况计算，需要至少30年的时间才能收回成本。"水立方"目前仍处于亏损状态，在有公共财政援助的基础上，"水立方"2011年的损失约为179万美元。

相比于国内损失严重的大型公共设施，我们来看另外一个案例：从2002年至今，巴黎政府已经成功地在塞纳河畔举办十届沙滩节了。法国人素以精打细算著称，政府为了避免媒体和民众的反对，很少敢大把花钱，作为一国之都的巴黎，在这方面自然更是表率。但就是这样一个以节约出名的城市，竟会每年把150万欧元和大批的人力物力，白白扔在市中心的塞纳河畔，为的是建一座只有一个月寿命、到期需要再花力气清理干净的沙滩。具体到数字，这意味着300张折叠躺椅、240把遮阳伞、68棵棕榈树、水路运来的3000吨沙子、塞纳河两岸长达4.5公里的人造沙滩、25米长的河上飘浮式游泳池和贯穿两岸沙滩的专用桥梁和渡船，以及7月20日～8月20日整整一个月的开放时间，当然，这一切都是免费的。

这种群众性、福利性、全开放性的公众避暑游乐设施，帮助许多普通巴黎人熬过了最难熬的酷暑。同时政府也从中获得了较高的回报：夏日持续高温会造成电力供应紧张，而市中心的避暑沙滩却可以遏制市民用电的冲动；虽然天气一年热过一年，但至今巴黎市民的家中装空调的凤毛麟角，连电扇也不多见。另外，"巴黎沙滩"每年吸引约500万名游客，为巴黎市带来了丰厚的旅游收入。

对大型公共设施运营的问题,理论界和实际工作部门都在积极探索解决方案。相关文献如范向丽(2008)、殷飞(2009)、李蓉(2011)、曹可强(2003)、韩开成(2006)、陆亨伯等(2008)等。通过对现有文献的梳理发现,目前文献对我国城市大型公共设施存在的问题进行了详细分析,但现有的解决方法(如委托经营、租赁管理等)并不能从根本上解决长期发展的问题。以下在基于品牌授权的循环经济模式的指导下,为我国大型公共设施的持续发展进行分析。

8.3.2 免费模式下城市大型公共设施市场需求分析

为了便于分析,本书在对消费者需求的分析中做出如下假设:(1)"理性人"假设,即使用各公共设施的消费者均为"理性经济人",以追求自身效用最大化的目的。(2)产品同质假设,即各类相似的公共设施提供给消费者的效用不存在显著差异。(3)收入假设,即消费者在一定时期内收入稳定,使用公共设施的支出在短时期内保持不变。

根据传统的经济学理论,$Q_d = f(P)$,在产品同质的条件下,当价格 $P = 0$ 时,Q_d 取得最大值,即整个市场份额。在目前激烈的竞争环境下,厂家免费提供商品或服务,以最大限度地获得消费者数量的模式已经得到广泛运用,如通讯公司免费赠送手机、百度、谷歌以及各种网络游戏的免费使用等。

传统经济学对免费商业模式的解释力比较局限,本书引入选择成本,根据品牌经济学原理,在选择成本的分析范式下(孙曰瑶,2006),引入选择成本的需求函数可表示为 $Q = f(P, C_c)$,$\frac{\partial Q}{\partial P} < 0$,$\frac{\partial Q}{\partial C_c} < 0$。其中 Q、P 分别表示产品的需求量和价格,C_c 表示选择成本。假设同一地点有 A、B 两家公共设施,其中 A 采取免费模式,B 采取一次性收费的模式。

(1)价格比较分析。以一段时间 T 为分析范围,在 $t = 0$ 时,企业 A 为免费,消费者不需要支出任何费用;在 $0 < t \leq T$ 时间内收取增值服务等相关费用。企业 B 在 $t = 0$ 时刻收取一次性消费的费用或年卡/季卡/月卡的费用。

以季卡为例,B 厂商采取一次性向消费者收取 $P_B = P$ 的费用。对于采取免费运营模式的企业 A，将时间 T 划分为 n 个时段，且 $T = \sum_{i=1}^{n} t_i$；在每个时点上的收费为 P_i，且 $P = \sum_{i=1}^{n} P_i$。用 r 表示折现率，指消费者将该支出用于其他用途时所能获得的最大收益率。因此，可以将消费者的全部支付折现为初始点 t = 0 时的实际支付：

$$P_A = P_1 + \frac{P_2}{(1+r)} + \frac{P_3}{(1+r)^2} + \cdots + \frac{P_n}{(1+r)^{n-1}} \tag{8.17}$$

其中，$T = \sum_{i=1}^{n} t_i$，$P = \sum_{i=1}^{n} P_i$，r > 0。从式（8.17）可以得出，$P_A < P_1 + P_2 + P_3 + \cdots + P_n = P_B$，因此，追求效用最大化的消费者会选择免费模式下的公共设施。

（2）选择成本比较分析。设消费者对大型公共设施的选择成本函数 $C_c = B_c + g(p,l)$，其中 B_c 为品牌信用度，即通过排他性的品牌符号向目标顾客做出并做到某种品类承诺的程度，且 $\frac{\partial C_c}{\partial B_c} = -\gamma B_c^{-2} < 0$。品牌信用度越高，消费者的选择成本越低，进而产品需求量越大；反之，品牌信用度越低，消费者的选择成本越高，则产品需求量越小。函数 $g(p,l)$ 表示消费者在选择产品时，对可能的错误将带来的损失的期望，由发生错误的预期概率 p 和将带来的损失 l 决定。

由于本书是对收费模式进行研究，因此为简化分析，假设 A 和 B 的品牌信用度相同，也即消费者从产生需求到做出选择所花费的成本相同，即 $B_c^A = B_c^B$。由于两家企业的品牌信用度相同，消费者预期产生风险的概率也相同。因此，决定两种经营方式选择成本高低的因素是消费者预期的损失 l，主要包括由于时间的机会成本 l_t 和支出的机会成本 l_p。

当 t = 0 时，即在初始点上消费者发现选择产生了错误，此时消费者选择 A、B 的损失分别为：

$$l_A = l_t^A + l_p^A = l_t^A + 0 = l_t \tag{8.18}$$

$$l_B = l_t^B + l_p^B = l_t^B + P = l_t + P \tag{8.19}$$

由以上两式比较可得 $l_A < l_B$，因此 A 的选择成本小于 B 的选择成本。

当 $0 < t \leq T$ 时，即消费者在消费过程中某个时段 t_i 发现选择产生了错误，此时消费者选择 A、B 的损失分别为：

$$l_A = l_t^A + l_p^A = l_t(\sum_{j=1}^{i} t_j) + l_P(\sum_{j=1}^{i} P_j) \qquad (8.20)$$

$$l_B = l_t^B + l_p^B = l_t(\sum_{j=1}^{i} t_j) + P \qquad (8.21)$$

由以上两式比较可得 $l_A < l_B$，因此 A 的选择成本小于 B 的选择成本。

综上所述，在假设的前提条件满足且稳定的情况下，免费运营模式的市场需求大于收费模式的需求，主要由于以下两个原因：一是免费模式通过增值服务，在消费过程中为消费者提供跨期支付安排，使同样价格服务的实际支出小于一次性收费的消费形式；二是免费模式通过降低消费者预期风险的损失，从而降低了选择成本，提高了市场需求。

8.3.3 免费模式下城市大型公共设施的利润分析

从以上分析可以看出，在同等条件下，免费运营模式的市场需求量高于收费模式。然而理性化的厂商追求的是利润最大化，因此以下对公共设施的利润进行分析。为了使分析简洁明了，本书进一步做出如下假设：一是 A、B 两家公共设施面临的市场需求相同。虽然前面分析指出免费模式下的市场需求高于收费模式，但在对利润进行分析时，仍然考虑需求相同的情况。二是假设消费者从公共设施中得到的效用是连续并且边际递减的。使用公共设施的需求量与价格存在线性关系，其产品需求量的价格弹性为负。

A 为免费运营模式，假设提供两种价格的增值服务；B 为收费模式。分别构建其需求方程如下：

$$Q_A = Q_1 + Q_2 = \sum_{i=1}^{2} (a_i - b_i P_i) \qquad (8.22)$$

$$Q_B = a - bP \qquad (8.23)$$

其中，Q_A、Q_B 分别为 A、B 运营商的市场需求量；Q_1、Q_2 为 A 运营商提供的增值服务的需求量；P 为价格。在以上两式中，设 $Q_A = Q_B = Q$，则其利润可表示为：

$$R_A = P_1 Q_1 + P_2 Q_2 - MC \cdot (Q_1 + Q_2) \tag{8.24}$$

$$R_B = PQ - MC \cdot Q \tag{8.25}$$

其中，R_A、R_B 为 A、B 运营商的利润，MC 为提高公共设施的边际成本。公共设施的投入成本主要集中在前期基础设施的建设和各种运动器械的购买上，而在运营过程中随着使用者的增多而带来的边际成本的增加非常小。因此，多增加一个消费者几乎对运营商的成本增加为零，即使是对前期的沉没成本进行分摊，随着需求量的不断增长，这部分的费用也比较少（Economids，1996；Philip，1997；李大凯，2010）。因此，在分析中，本书将公共设施运营商的边际成本设为零，即 $MC = 0$，因此可得：

$$R_A = P_1 Q_1 + P_2 Q_2 = \sum_{i=1}^{2}(a_i - b_i P_i) \tag{8.26}$$

$$R_B = PQ = P(a - bP) \tag{8.27}$$

对以上两式求导，可分别求得免费和收费条件下，运营商利润最大化的一阶条件：

$$\frac{\partial R_A}{\partial P_i} = a_i - 2b_i P_i = 0 \tag{8.28}$$

$$\frac{\partial R_B}{\partial P} = a - 2bP = 0 \tag{8.29}$$

解得 A 的利润最大化条件为 $P_i = \frac{a_i}{2b_i}$，$Q_i = \frac{a_i}{2}$，$R_A = \sum_{i=1}^{2} \frac{a_i^2}{4b_i}$；B 的最优化条件为 $P = \frac{a}{2b}$，$Q = \frac{a}{2}$，$R_B = \frac{a^2}{4b}$。比较两种模式下的利润大小，可得：

$$R_A - R_B = \sum_{i=1}^{2} \frac{a_i^2}{4b_i} - \frac{a^2}{4b} = \frac{a_1^2}{4b_1} + \frac{a_2^2}{4b_2} - \frac{a^2}{4b} \tag{8.30}$$

由前面假设可知 $Q_A = Q_1 + Q_2 = Q_B$，即 $(a_1 - b_1 P_1) + (a_2 - b_2 P_2) = a - bP$，当 P_1 和 P_2 的值与 P 越接近时，表明两家厂商的定价方式越相近。设 $P_1 = P_2 = P$，则

$(a_1+a_2)-(b_1+b_2)P=a-bP$，因此 $a=(a_1+a_2)$ 和 $b=(b_1+b_2)$，代入式 (8.30) 可得：

$$R_A-R_B=\frac{a_1^2}{4b_1}+\frac{a_2^2}{4b_2}-\frac{(a_1^2+a_2^2)}{4(b_1+b_2)}=\frac{(a_1b_2-a_2b_1)^2}{4(b_1^2b_2+b_1b_2^2)} \quad (8.31)$$

由于 $(a_1b_2-a_2b_1)^2 \geqslant 0$，在假设条件满足的情况下，$b_1$、$b_2$ 取正值，因此 $R_A-R_B \geqslant 0$。由以上分析可知，大型公共设施免费运用模式的利润不低于收费的运营模式。此处的分析结论是以两种模式的市场需求相同为前提条件，由第二部分的分析可知，免费运营模式下的市场需求大于收费模式，因此 $R_A-R_B>0$。

8.3.4　品牌授权对大型公共设施可持续利用的作用分析

品牌授权可突破资源的限制，扩大企业的盈利能力。城市大型公共设施可通过创建品牌和相应的品牌形象，并将该形象授权给其他企业，一方面可以获取相应的授权费收入；另一方面可以突破自身资源的限制，实现可持续利用。目前，我国一些城市大型公共设施已经在品牌授权方面有所发展，例如，"水立方"目前已经注册的和在审批中的产品涵盖45类，包括饮料、服装、饰品、手机等产品。"水立方"已开发上市的产品涉及20大类130余种。

我国大型公共设施的运用已经开始尝试"奥运场馆——体育赛事——文化活动——特许商品"的模式，然而这方面的实践还存在较多问题，如何保证被授权方的利益是授权模式发展的关键，同时授权方还面临着侵权、名誉受损等方面的危险。例如，"水立方手机"并未经过合法授权，属于侵权行为，严重危害了授权方的利益。本书认为品牌授权要获得成功，需要经过以下两个过程。

8.3.4.1　品牌授权准备阶段

品牌授权的基本条件是，将仅仅具有法律意义的商标转变为一个具有较高品牌信用度的品牌。在大型公共设施建立之初，它拥有的仅仅是一个合法的注册商标，如"水立方""鸟巢"等，只有经过一系列的品牌建设策略才能将商标转化为品牌。

根据品牌经济学原理,在这个阶段,厂商所拥有的注册商标,仅仅是个法律符号,并没有成为目标顾客选择成本等于零的单一利益点的代言或象征。换言之,商标并没有成为品牌,并且因产品同质竞争带来的盈利能力的降低。

城市大型公共设施在进行品牌建设时,可设计代表自身特点的卡通形象,并赋予它一系列快乐的故事,让人们一看到该形象就有快乐的感觉。这是进行品牌授权的必要条件。

8.3.4.2 品牌授权阶段

从以上分析可以看出,只有当一个品牌上升为某种快乐的象征或代言时,才能进行品牌授权。品牌授权可突破资源的限制,扩大企业的盈利能力。同时,品牌授权也具有较高的风险,因为品牌授权而失败的案例不在少数。原因在于授权后,授权方的品牌信用度会因此受到影响。授权方在进行品牌授权时,需要考虑到以下几个因素。

第一,品类粘合度。城市大型公共设施在进行品牌建设时,在情感上的定位可能会有差异,因此要结合自身品牌的情感定位寻找合适的被授权方。例如,如果"水立方"将自己定位于享受水带给人们的快乐,并配以恰当的卡通形象和故事,在获得了消费者的较高认可后,可将该形象授权给游泳、冲浪等相关产品。

第二,被授权方的品牌信用度。根据《品牌工程学》中对品牌信用度评价的十个指标来看[1],由于被授权方还处在商标阶段,因此对其品牌信用度有较大影响的是,终端建设的稳定性和质量信息的透明性两项指标[2]。终端建设的稳定性要求企业有稳定的销售场所,并且企业对每个终端有完全的控制能力;质量信息的透明性要求对产品中的所有成分以及不适宜人群等信息标注清楚。因此,城市大型公共设施在进行品牌授权时,要重点对被授权方的品牌信用度进行考察。现实中我们看到成功的授权案例中,授权方对被授权方的品牌

---

[1] 《品牌工程学》中对品牌信用度评价的十个指标包括目标顾客的精确性、利益承诺的单一性、单一利益的对立性、品牌建设的岗位性、单一利益的持久性、终端建设的稳定性、品类需求的敏感性、注册商标的单义性、媒体传播的公信性和质量信息的透明性。

[2] 所谓终端建设的稳定性,是指目标顾客在购买终端面临购买决策时所受到的干扰程度;所谓质量信息的透明性,是指产品质量是否经过了科学、可靠的试验或检验。

信用度要求非常严格；相反，品牌信用度较低的被授权方往往给授权方带来了很大困扰。

第三，被授权方的数量。对进行品牌授权模式的企业来说，授权数量是体现一个企业规模与实力的象征，目前普遍的观点是认为授权给越多的厂家越好，然而事实并不是如此，授权方应根据自身发展的情况，在能对每一次授权负责的约束条件下进行授权。过快过急的授权将会给授权方带来致命的伤害。

因此，城市大型公共设施在进行品牌授权时，对被授权方的家数要控制在能够掌握的范围之内，防止快速的仅有追求数量和规模的盲目授权。如果前面的免费模式运营商 A 成功地将品牌形象授权给其他厂商，则其利润变为：

$$R_A = \sum_{i=1}^{2} \frac{a_i^2}{4b_i} + \theta \sum_{i=1}^{n} q_i \cdot p_i \tag{8.32}$$

其中，θ 表示 A 运营商收取的授权费比率。q_i、p_i 表示第 i 个被授权方产品的需求量和价格。式（8.29）与式（8.16）的最优化结果相比，利润空间增大。此时 A 运营商可反过来适当增加免费的产品和服务，以进一步提升其市场需求量和品牌信用度；由此进一步增加品牌成功的能力。以此形成良性循环，保证资源的可持续性利用。

8.3.5 城市大型公共设施持续发展的政策建议

如果城市大型公共设施采取免费开放与增值服务收费相结合的运营模式，将带来更大的市场需求和利润空间。在资源有限的条件下，采取品牌授权的方式可以摆脱对资源本身的限制，进一步提升其盈利能力。以"水立方"为例，我们可以构建如图 8-5 所示的模式。

在图 8-5 中，左边部分为"水立方"的基本业务部分，通过举办和承接各种赛事和娱乐活动（如江苏卫视举办的"心跳水立方"节目在此举办），可获得场馆的直接收入。在图的右半部分为品牌授权带来的授权收入，如果"水立方"经过正确的品牌建设策略，可以依靠较高的品牌信用度获得更高的授权费。

在理论分析的基础上，本书为我国大型城市基础设施的运营提出以下三点

第8章 基于品牌授权的循环经济案例研究

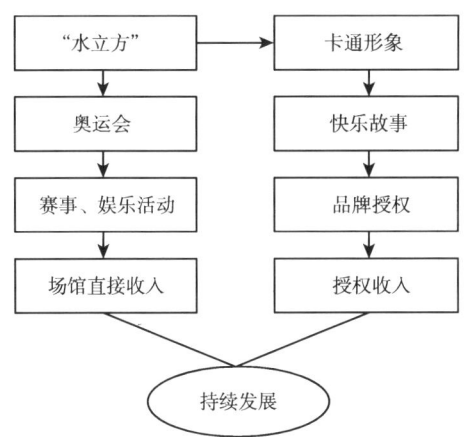

图8-5 "水立方"持续发展的盈利模式

资料来源：作者绘制。

建议：

第一，采取免费开放与增值服务收费的运营模式。本书通过分析指出，该方式一方面通过增值服务，在消费过程中为消费者提供跨期支付安排，使同样价格服务的实际支出小于一次性收费的消费形式；另一方面免费模式通过降低消费者预期风险的损失，从而降低了选择成本，提高了市场需求。另外，从利润的分析也可以看出，免费模式的利润大于收费模式。因此，采用该方式能在一定程度上提高运营商的利润，同时扩大知名度。

第二，运用品牌授权模式进一步提高运营商的盈利空间。在进行品牌授权时要注意的是，品类粘合度和被授权方的品牌信用度是授权过程中的重中之重：品类粘合度对授权双方利益点匹配程度的考查，如果被授权方产品的利益点与授权方的利益点不相符，甚至背离，不仅导致被授权方无法享受授权带来的收益，而且授权方的品牌信用度也会受到影响；从被授权方的品牌信用度高低可以看出它对消费者负责任的程度，也是授权方需要考查的重要指标。

第三，建立被授权企业信用风险防范机制。品牌授权有风险，因为被授权方的品牌信用度随着时间的变化而可能产生变化。企业借用他人品牌获得较高利益后，有的为长远着想注重自身品牌信用度的建设，使之不断上升；而有的企业只顾眼前利益，为谋取更高利润降低产品质量，甚至非法再授权给其他公司，从而使自身品牌信用度下降。因此，公共设施运营商必须建立被授权方品牌信用下降的防范措施，一旦出现这种情况，正确快速地解决此类危机事件。

综上所述，我国城市大型公共设施的经营应该在收费模式上进行创新性的改革，免费开放与增值服务收费相结合的运营模式，能在利润和品牌建设方面对其起到较好的促进作用。同时，大型公共设施品牌形象的授权经营模式，能摆脱对资源本身的限制，进一步提升其盈利能力，是该类设施发展的方向。

8.4 本章小结

在对循环经济的三循环模型进行理论分析的基础上，本章对作物秸秆循环利用、流域生态补偿持续发展以及大型公共设施循环利用进行了现实研究，针对这三个循环领域中存在的问题和未来的发展模式，进行了详细论述。

在作物秸秆循环利用的品牌授权研究中，本章以山东省泉林嘉有为例，对秸秆制造成有机肥这一循环模式进行分析。作物秸秆循环利用要稳定持续地发展下去必须实现三循环，即物质循环、价值循环和品牌循环。物质循环需要企业从技术和工艺上实现作物秸秆的循环利用；价值循环是指有机肥需要得到消费者的认可和购买，关键是通过品牌建设来降低消费者的选择成本；品牌循环要求企业在提高品牌信用度后，通过品牌授权模式进行盈利，该循环使企业突破对资源的依赖。只有实现了三循环，企业才能从根本上解决"只循环不经济"的困难。

在流域生态补偿持续发展的品牌授权研究中，核心思想是将生态保护区良好的环境商品化，并注册成为一个合法的商标；然后在受益区的协助下，通过一系列的品牌建设手段，将该商标转化为某种快乐品类的代言；最后在集体商标二次转换后，通过品牌授权获得相应的溢价，给生态保护区带来持续稳定的收入。

要实现这一模式，具体过程可分为四个阶段：一是集体商标的注册阶段，保护区通过合作社或行业协会的组织方式，对农产品的质量进行监督，使其达到绿色食品等的标准，并通过相关部分的认证。二是集体商标的品牌建设阶段，作为生态补偿的手段，受益区应为保护区提供品牌建设的相关费用，提供

第8章 基于品牌授权的循环经济案例研究

专业的品牌建设团队,配合保护区的品牌建设开展一系列的推广活动,以保障品牌建设的成功。通过提高注册商标的品牌信用度,降低消费者的选择成本,从而增加农产品的市场需求量,从根本上提高保护区农民的收入。三是受益区的市场开放阶段,作为对保护区的生态补偿,受益区的市场应主动向保护区开放,同时作为第三方对保护区农产品质量进行监督。四是品牌授权阶段,品牌授权将提高保护区农民的盈利空间;并且在达到品牌形象授权之后,当地的盈利模式将从资源本身转向到非资源方向,从而保证了资源的可持续发展。

在大型公共设施循环利用的品牌授权研究中,从理论上证明,如果城市大型公共设施采取免费开放与增值服务收费相结合的运营模式,将给运营商带来更大的市场需求和利润空间。更进一步的,在资源有限的条件下,本书提出采取品牌授权的方式可以摆脱对资源本身的限制,进一步提升其盈利能力。品牌授权是一种风险性较高的运营模式,在该过程中,要注重品类粘合度、被授权方的品牌信用度以及被授权方的数量等因素的控制。

第9章 研究结论与展望

9.1 研究结论

发展循环经济、建立循环性社会是实施可持续发展战略的重要途径和实现方式。2008年8月29日，我国通过了《中华人民共和国循环经济促进法》，从法律上确立了循环经济在我国经济社会发展中的重大战略地位。国家"十三五"规划进一步强调推动低碳循环发展，推进能源革命，加快能源技术创新，建设清洁低碳、安全高效的现代能源体系。实施循环发展引领计划，推行企业循环式生产、产业循环式组合、园区循环式改造，减少单位产出物质消耗；加强生活垃圾分类回收和再生资源回收的衔接，推进生产系统和生活系统循环链接。循环经济要求以环境友好的方式利用自然资源和环境容量，实现经济活动的生态化转向。在目前工业化进程不断加快、环境问题越来越突出的时代，循环经济的优越性和必要性受到政府和社会的广泛关注。然而在实践中，循环经济的发展还面临着很多问题。根据调查发现，目前我国发展循环经济面临的最突出问题，就是如何将技术上实现的资源循环，转变为经济上的循环。本书围绕这个核心问题进行了相关研究，并提出了保证循环经济持续发展的三循环模型。

首先，本书在"理性经济人"假设、消费者自主选择假设、物质利益相同条件下的情感偏好假设的条件下，分别对三循环模型的物质循环、价值循环和品牌循环进行了分析。物质循环是循环经济实现的技术条件，价值循环是循环经济实现的效益保障，品牌循环是循环经济持续发展的溢价保证。

（1）物质循环。物质循环要求企业从技术和工艺上实现循环经济发展的基础，属于技术范畴。在物质循环中，生产中的废弃系数是衡量物质循环程度的关键指标，废弃系数越高，表示该循环系统废弃物利用率越低；废弃系数越低，表示该循环系统的物质循环情况较好。技术手段需要解决的，就是将废弃系数尽可能降低。为此，企业就要增加投资，导致成本增加。

（2）价值循环。从技术和工艺上实现了物质循环只是循环经济发展第一步，如何以高于同类产品的价格将产品销售出去，实现从企业生产到市场交换的价值循环，则是决定该循环体系能否持续下去的经济因素。因此，企业的任务是如何获得循环经济所生产出的产品定价权，也即如何在高于市场均衡价格的条件下提高产品销售量。本书分析指出，实现价值循环的重要途径是通过正确的品牌建设来降低消费者的选择成本，从而获得较高的品牌溢价。产品溢价能力直接关系到循环企业价值循环能否实现，同时，也影响到企业单位产值能耗的大小，是构建循环经济和生态文明社会的关键因素。本书通过构建品牌溢价对消费者选择行为的影响函数，分析指出品牌信用度的大小通过影响消费者对产品的价值评价，进而对厂商的最大化利润起着决定性作用，因此是品牌溢价的关键因素。

（3）品牌循环。首先，实现品牌循环的关键是品牌授权，本书分别对授权方和被授权方的行为进行了经济分析，提出了成功进行品牌授权的条件和方法。对于授权方而言，要成功实现品牌授权需要经过两个阶段：授权准备阶段和品牌授权阶段。授权准备阶段的任务是构建一个快乐情感品牌，并提高品牌信用度。在品牌授权阶段，本书构建了影响授权方品牌信用度的函数，指出品类粘合度、被授权方的品牌信用度、反向影响度以及被授权方的数量四个要素，共同决定了授权方品牌信用度的大小。对于被授权方而言，本书通过引入情感指数和粘合指数，建立了被授权厂商各阶段所面临的需求曲线。证明了在授权经营中授权品牌的情感指数和授权品牌与原产品的粘合指数起着至关重要的作用，两者中任何一个出现问题都将导致被授权企业的失败。

其次，本书分析了循环经济行业协会品牌授权的作用机制。行业协会作为社会自治组织的一种形式，其运行规则受到自治组织运行规则的制约。因此，先对自治组织有效性的条件进行了详细论证，并提出了保证自治组织内部监督机制发挥作用的机制。剔出机制从两个方面使自治组织有效地保证了资源的可持续发展：一是使成员违规处罚成本扩大到最大化，使其不做出违规行动；二是通过剔出增加剩余成员的权益，由此形成很强的内在监督，违规后被发现的概率极高。在资源量一定的条件下，若实行剔出机制，则自治组织制度成员数量存在着最优规模边界；若通过品牌建设实现品牌授权，以此提高非资源销售来增加收益，则存在剔出机制的自治组织，对可持续发展具有更大价值。

同时，本书通过对行业协会会员造假行为的经济分析发现，行业协会中会员的造假行为取决于查处率的大小，而查处率与会员数成反比。因此，要防止会员的造假行为，必须将行业协会中的人数控制在适当范围之内。而目前我国行业协会的收费模式与人数的要求之间存在着很大的矛盾。因此，本书从品牌经济学的角度，分析了制约我国行业协会发展的根本原因。目前，我国行业协会的经费收入主要是会员缴纳的会费。协会以该种营利模式运行存在着严重的问题，因为会员的会费和参加协会的企业数目成正比，若协会想要获取更高的收入，就需要发展更多的会员。而在协会组织中，会员数目过于庞大将导致内部监督机制失效。

最后，在对循环经济的三循环模型进行理论分析的基础上，本书对作物秸秆循环利用、流域生态补偿持续发展以及大型公共设施循环利用进行研究。在作物秸秆循环利用的品牌授权研究中，本书以山东省泉林嘉有为例，对秸秆制造成有机肥这一循环模式进行分析。

作物秸秆循环利用要稳定持续地发展下去必须实现三循环，即物质循环、价值循环和品牌循环。在流域生态补偿持续发展的品牌授权研究中，其核心思想是将生态保护区良好的环境商品化，并注册成为一个合法的商标；然后在受益区的协助和监督下，通过一系列的品牌建设手段，将该商标转化为某种快乐品类的代言；最后在集体商标二次转换后，通过品牌授权获得相应的溢价，给生态保护区带来持续稳定的收入。在大型公共设施循环利用的品牌授权研究中，从理论上证明如果城市大型公共设施采取免费开放与增值服务收费相结合的运营模式，将给运营商带来更大的市场需求和利润空间。本书针对这三个领域循环经济存在的问题，分别提出了改进建议，为循环经济的进一步发展提供了较为新颖的思路。

9.2 研究展望

本书构建了循环经济发展的三循环模型,试图解决目前困扰我国循环经济持续稳定发展的关键问题。运用经济学和品牌经济学相关原理,在选择成本分析范式的分析框架下,对循环经济持续发展的三循环模型进行了详细分析。由于时间和学术水平有限,本书对一些问题的研究尚不完善,有待在以后的工作中进一步推进,主要可以从以下三个方面展开研究:

第一,制约我国循环经济发展的另一个重要原因是资源和环境的廉价。目前,我国资源和环境的价格严重偏离了其真实价格,污染治理、生态恢复成本与市场价格相背离,由此导致市场机制难以在生态经济中发挥合理配置资源的作用。资源和环境价格低廉甚至免费的情况,导致企业缺乏节约资源和保护环境的动力,其资源利用成本和环境污染成本往往被社会化和外部化。因此,如何建立充分反映市场供求、资源稀缺程度以及环境损害成本的价格形成机制,将资源和环境成本内部化,是循环经济持续发展的重要研究问题。

第二,增加品牌授权经济模型的理论分析深度。本书仅从品牌经济学的角度,对品牌授权中授权方和被授权方的品牌信用度变化来研究,在以后的研究中可加强学科之间的交流,充分利用营销学、心理学和社会学等多个学科的相关知识,对该问题进行全面深入的剖析,有利于得出更加准确的结果。

第三,对品牌授权中消费者行为进行数量经济研究。从消费者角度调查研究品牌授权对其购买行为的影响,可通过设计问卷抽样调查消费者对品牌授权后母品牌的认知、授权品牌的认知、购买频次、品牌信用对消费者效用等关键数据进行收集,并利用各种计量工具对调研数据进行科学严密的分析。从而,为品牌授权条件提供更加充分的论据支撑。

参考文献

[1] Aaker, D. A. Managing Brand Equity [M]. New York: The Free Press, 1991.

[2] Aaker, D. A., Keller, K. L. Consumer Evaluations of Brand Extensions [J]. The Journal of Marketing, 1990 (1): 27 –41.

[3] Aaker, D. A., Fournier, S., Brasel, S. A. When Good Brand Do Badly [J]. The Journal of Consumer Research, 2004 (6): 1 –16.

[4] Ahluwalia, R. How Far Can A Brand Stretch? [J] Understanding the Role of Self-Construal. Journal of Marketing Research, 2008 (6): 337 –350.

[5] Anderson, J. R. The Architecture of Cognition [M]. Cambridge, MA: Harvard University Press, 1983.

[6] Andrew, J. B. Theoretical Foundations of Sustainable Economic Welfare Indicators-ISEW and Political Economy of the Disembedded System [J]. Ecological Economics, 2008, 67 (2): 1 –19.

[7] Armstrong, C. W. A Note on the Ecological-Economic Modelling of Marine Reserves in Fisheries [J]. Ecol. Econ. 2007 (62): 242 –250.

[8] Barone, M. J., Miniard P. W., Romeo J. B. The Influence of Positive Mood on Brand Extension Evalutions [J]. Journal of Comsumer Research. 2000 (26): 386 –400.

[9] Bauer, R. A. Consumer Behavior as Risk Taking. Dynamic Marketing for a Changing World Chicago [J]. America Marketing Association, 1960 (35): 389 –398.

[10] Bentley, A. The Process of Government [M]. Evanston. Principia Press,

1949.

[11] Berman, B. M. Designing the Green Supply Chain [J]. Logistics Information Management, 1999, 12 (4): 332 – 342.

[12] Bockstael, N., Costanza, R., Strand, I. et al. Ecological Economic Modeling and Valuation of Ecosystems [J]. Ecological Economics, 1995 (14): 143 – 159.

[13] Boush, D. M., Loken, A. Process-Tracing Study on Brand Extension Evaluation [J]. Journal of Marketing Research, 1991 (28).

[14] Bulte, E. H., Kooten, G. C. Metapopulation Dynamics and Stochastic Bio-Economic Modeling [J]. Ecological Economics, 1999 (30): 293 – 299.

[15] David W, Pearce R, Kelly T. Economics of Natural Resources and the Environment [M]. Lonton: Harvester Wheat Sheaf, 1990: 35 – 41.

[16] Dodo. J., Thampapillai Et Al. The Environmental Kuznets Curve Effect and the Scarcity of Natural Resources: A Simple Case Study of Australia [J]. Leave from Macquarie University NSW, 2004.

[17] Drechsler, M., Watzold, F. Ecological-Economic Modelling for the Sustainable Use and Conservation of Biodiversity [J]. Ecological Economics, 2007 (62): 203 – 206.

[18] Drechsler, M., Grimm, V., Mysiak, J. et al. Differences and Similarities Between Ecological and Economic Models for Biodiversity Conservation [J]. Ecological Economics, 2007 (62): 232 – 241.

[19] Foster, J. B. Organizing Ecological Revolution [J]. Monthly Review, 2005, 57 (5): 1 – 10.

[20] Frosch, R. A, Gallopoulos, N. Strategies for Manufacturing [J]. Scientific American, 1989, 261 (3): 144 – 152.

[21] Garvin, D. A. Product Q. An Important Strategic Weapon [J]. Business Horizons, 1984, 27 (3): 40 – 43.

[22] Graedel, T. E., Allenby, B. R. Industrial Ecology [M]. Beijing: Tsinghua University Press, 2003.

[23] Grief, A. Contract Enforceability fnd Economic Institutions in Early Trade: The Maghribi Traders' Coalition [J]. The American Economics Review, 1993 (6).

[24] Grief, A., Paul M., Et Al. Coordination, Commitment, and Enforcement: The Case of the Merchant Guild [J]. Journal of Political Economy, 1994 (8).

[25] Grossman, G. Economic Growth and the Environment [J]. Quarterly Journal of Economic. 1995, 110 (2): 353 – 377.

[26] Islam, N., Clarke, M. The Welfare Economics of Measuring Sustainability: A New Approach Based on Social Choice Theory and Systems Analysis. Sustainable Development, 2005 (13): 282 – 296.

[27] Jakub. K., Tomasz B. Sustainable Development in a Transition Economy: Business Case Studies from Poland [J]. Journal of Cleaner Production, 2012, 26 (5): 18 – 27.

[28] John D. R., Loken B., Kim K. Et Al. Brand Concept Maps: A Methodology for Identifying Brand Association Networks [J]. Journal of Marketing Research, 2006 (43): 549 – 563.

[29] Keller, K. L. Conceptualizing, Measuring, and Managing Customer-Based Brand Equity [J]. Journal of Marketing, 1993 (57): 1 – 22.

[30] Keller, K. L. Strategic Brand Management. Upper Saddle River, NJ: Prentice-Hall, 2008: 38 – 50.

[31] Kyeongheui, L., Jongwon, P., Jungkeun, K. Cosumer-Bran Relationship Quality: When and How It Helps Brand Extensions [J]. Journal of Business Research, 2013 (3): 1 – 7.

[32] Lawn, P. A. An Assessment of Alternative Measures of Sustainable Economic Welfare [J]. Sustainable Development Indicators in Ecological Economics, 2006 (3): 139 – 165.

[33] LÓPez, R. The Environment as A Factor of Production: The Effects of Economic Growth and Trade Liberalization [J]. Journal of Environmental Economics

and Management. 1994, 27 (2): 84 - 163.

[34] MartÍNez, E., Montaner, T., Pina, J. Brand Extension Feedback: The Role of Advertising [J]. Journal of Business Research, 2009, 62 (3): 305 - 313.

[35] Mateo, C., JosÉ, A., PÉRez, A., Walter Hecq, Et Al. A Guiding Framework for Ecosystem Services Monetization in Ecological-Economic Modeling [J]. Ecosystem Services, 2014, 30 (3): 1 - 11.

[36] Nedungadi, P. Recall and Consumer Consideration Sets: Influencing Choice without Altering Brand Evaluations [J]. Journal of Consumer Research, 1990, 17 (3): 263 - 276.

[37] Oldham, J., Tom, V. Chemical Management Service: Greening the Supply Chain [J]. Greener Management International, 2003.

[38] Olson, M. The Logic of Collective Action: Public Goods and the Theory of Groups [M]. Cambridge, Mass: Harvard University Press, 1965: 68 - 75.

[39] Panayotou, T. Economic Growth and the Environment [J]. Economic Survey of Europe. 2003 (2).

[40] Pagiola, S. Payments For Environmental Services: From Theory to Practice [C]. Global Workshop on Payments for Environmental Services, Mataram, Indonesia, 2007.

[41] Petty, R. E., Cacioppo, J. T., Schumann, D. Central and Peripheral Routes to Advertising Effectiveness: The Moderating Role of Involvement [J]. Journal of Consumer Research, 1983, 10 (2): 135 - 146.

[42] Reddy S. K., Holak S. L., Bhat S. To Extend or Not to Extend: Success Determinants of Line Extensions [J]. Journal of Marketing Research, 1994 (31): 243 - 262.

[43] Romaniuk, J. Brand Attributes "Distribution Outlets" in the Mind [J]. Journal of Marketing Research, 2003 (6): 73 - 92.

[44] Smith, D. C., Park C. W. The Effects of Brand Extensions on Market Share and Advertising Effeiciency [J]. Joumal of Marketing Research, 1992 (29).

[45] Stokey, N. L. Are There Limits to Growth? [J] International Economic

Review. 1998, 39 (1): 1 - 31.

[46] Simonin, R. Is A Company Known by the Company It Keeps? Assessing the Spill over Effects of Brand Alliances on Consumer Brand Attitudes [J]. Journal of Marketing Research, 1998 (2): 30 - 41.

[47] Spangenberg, J. H. The Growth Discourse, Growth Policy and Sustainable Development: Two Thought Experiments [J]. Clean Prod. 2010 (18): 561 - 566.

[48] Sylvia, L., Joachim, H. Spangenberg. Sustainable Consumption within A Sustainable Economy-Beyond Green Growth And Green Economies [J]. Journal of Cleaner Production, 2014, 63 (1): 33 - 44.

[49] Torras, M. Income, Inequality, and Pollution: A Reassessment of the Environmental Kuznets Curve [J]. Ecological Economics, 1998 (25): 147 - 160.

[50] Truman, D. The Government Process [M]. New York: Knopf, 1958: 54.

[51] Tuker, A. System Innovation for Sustainability [M]. Greenleaf, Sheffield, UK, 2008.

[52] Völcknera, F., Sattler, H. Empirical Generalizability of Consumer Evaluations of Brand Extensions [J]. International Journal of Research in Marketing, 2007, 24 (2): 149 - 162.

[53] Yeung, C., Wyer, R. S. Does Loving A Brand Mean Loving Its Products? The Role of Brand-Elicited Affect In Brand Extension Evaluations [J]. Journal of Marketing Research, 2005, 42 (4): 495 - 506.

[54] 埃莉诺·奥斯特罗姆. 公共事物的治理之道: 集体行动制度的演进 [M]. 余逊达, 陈旭东, 译. 上海: 上海三联书店, 2000.

[55] 包菊芳. 基于循环经济的产业价值链重构研究 [J]. 技术经济, 2007, 26 (4): 14 - 17.

[56] 蔡邦成, 陆根法, 宋莉娟等. 生态建设补偿的定量标准——以南水北调东线水源地保护区一期生态建设工程为例 [J]. 生态学报, 2008, 28 (5).

[57] 蔡亚庆, 仇焕广, 徐志刚. 中国各区域秸秆资源可能源化利用的潜力分析 [J]. 自然资源学报, 2011 (10): 37-46.

[58] 曹成全. 拓展蝗虫产业, 发展循环经济——以山东省新泰市虫业协会的发展模式为例 [J]. 科学养殖, 2008 (5): 44-45.

[59] 曹凤中. 循环经济链作用机理 [N]. 中国环境报, 2005-07-17.

[60] 曹可强. 上海市公共体育场馆经营管理现状与对策研究 [J]. 沈阳体育学院学报, 2003 (4): 7-9.

[61] 曹琳. 基于品牌延伸的地理标志产品可持续发展机制研究 [J]. 云南财经大学学报, 2012 (1): 123-131.

[62] 曹明崇, 刘宗祥, 张林. 农作物秸秆综合利用的方向及前景 [J]. 发展, 2010 (10).

[63] 曹望. 基于循环经济产业价值链的技术创新网络探讨 [J]. 改革与战略, 2008, 24 (5): 120-122.

[64] 陈惠雄. "快乐经济学"的质疑与释疑 [J]. 学术月刊, 2010 (3): 67-75.

[65] 陈裔金. 设租与寻租行为的经济学分析 [J]. 经济研究, 1997 (4): 73.

[66] 程启智, 向宏桥, 徐楷. 循环经济的均衡模型与发展路径分析 [J]. 中南财经政法大学学报, 2007 (5): 19-25.

[67] 诸大建. 从可持续发展到循环经济 [J]. 世界环境, 2000 (3).

[68] 诸大建. 发展循环经济要谨防误区 [N]. 新民周刊, 2005-11-29.

[69] 诸大建, 朱远. 生态文明背景下循环经济理论的深化研究 [J]. 中国科学院院刊, 2013 (2): 207-218.

[70] 初探中国动漫产业形象授权新出路 [EB/OL]. (2008-1-21) http://news.china.com/zh_cn/domestic/945/20080121/14626751_1.html.

[71] 段宁. 物质代谢与循环经济 [J]. 中国环境科学, 2005 (3): 320-323.

[72] 段学慧. 经济利益驱动机制: 循环经济发展的根本动力——基于马克思主义利益观的分析 [J]. 现代财经, 2012 (9): 3-10.

[73] 范向丽, 郑向敏. 大型赛赛后体育场馆的利用策略分析 [J]. 泉州师范学院学报, 2008 (11): 99–103.

[74] 符国群. 品牌延伸研究: 回顾与展望 [J]. 中国软科学, 2003 (1): 75–81.

[75] 符国群, 约翰·桑德斯. 中、美、新三国消费者对品牌延伸的评价 [J]. 经济评论, 1995 (4): 65–69.

[76] 付晓松. 论循环经济立法的完善 [J]. 西安社会科学, 2012 (2): 37–39.

[77] 冯之浚. 制定我国循环经济生态园规划的若干思考 [J]. 科学学与科学技术管理, 2008 (6): 116–121.

[78] 冯之浚. 建设生态文明, 实现科学发展 [J]. 中国经济周刊, 2008 (16): 28–30.

[79] 冯之浚. 论循环经济 [J]. 中国软科学, 2004 (10): 1–9.

[80] 冯之浚. 循环经济是个大战略——论循环经济 [M]. 北京: 经济科学出版社, 2003.

[81] 葛扬, 王棋. 循环经济持续发展的价值链机制 [J]. 城市环境与城市生态, 2004, 17 (15): 21–23.

[82] 盖凯程. 西部生态环境与经济协调发展研究 [D]. 西南财经大学, 2008.

[83] 甘传炳. "治理"的歧途 [N/OL]. 报刊文摘, 2008–5–5 (3). http://old.jfdaily.com/gb/jfxww/xlbk/bkwz/node47265/node47268/userobject1ai2028465.html.

[84] 郭蕾. 我国城市循环经济发展与政府政策研究 [J]. 经济问题探索, 2007 (11): 42–45, 52.

[85] 郭先登. 论建设生态文明城市问题 [J]. 山东经济, 2008 (5): 32–36.

[86] 郭怡, 李兰兰. 大型体育场馆委托经营研究综述 [J]. 重庆文理学院学报, 2011 (2): 68–71.

[87] 过勇, 胡鞍钢. 行政垄断、寻租与腐败——转型经济的腐败机理分

析 [J]. 经济社会体制比较, 2003 (2): 61-62.

[88] 黄建军. 循环经济产业化的实现形式及其发展途径 [J]. 科技进步与对策, 2005 (5): 20-22.

[89] 韩开成. 大型体育场馆经营管理模式创新研究 [J]. 体育成人教育学刊, 2006 (2): 5-7.

[90] 来有为. 循环经济发展中的障碍及解决对策 [J]. 中国发展观察, 2007 (1): 27-29.

[91] 李大凯. 免费商业模式下厂商盈利机制的经济分析——基于对网络游戏产业的分析 [J]. 中南财经政法大学学报, 2010 (5): 129-134.

[92] 李睿, 徐灵通. 循环经济产业链相关研究评述 [J]. 经济研究导刊, 2012 (26): 31-39.

[93] 李勇, 曾江. 金融支持长江上游绿色循环经济的思考——以泸州市为例 [J]. 西南金融, 2012 (2): 65-69.

[94] 李云燕. 论市场机制与政府行为在循环经济发展中的地位与作用 [J]. 中央财经大学学报, 2006 (1): 64-68.

[95] 李研宁, 刘亭亭. 作物秸秆综合利用技术研究 [J]. 价值工程, 2010 (22): 107.

[96] 李康. 循环经济理论思索 [J]. 环境科学研究, 2007, 20 (1): 114-117.

[97] 李兆前, 齐建国. 循环经济理论与实践综述 [J]. 数量经济技术经济研究, 2004 (9): 145-154.

[98] 李文丽, 潘福林. 循环经济模式下基于价值链的汽车回收业利润实现模式分析 [J]. 会计通讯, 2007 (7): 64-65.

[99] 李佳鹏. 解振华: 循环经济是环境友好型社会的重要途径 [N]. 中国经济时报, 2005-10-10.

[100] 李怀恩, 庞敏, 肖燕等. 基于水资源价值的陕西水源区生态补偿量研究 [J]. 西北大学学报: 自然科学版, 2010, 40 (1): 149-154.

[101] 李蓉, 李军. 重庆市主城区大型公共体育设施布局存在的问题及原因分析 [J]. 重庆科技学院学报, 2011 (8): 134-136.

[102] 李虹, 艾熙. 构建适应我国循环经济发展的金融支持体系 [J]. 浙江金融, 2011 (1): 26-28.

[103] 黎军. 论司法对行业自治的介入 [J]. 中国法学, 2006 (4): 69-78.

[104] 黎元生, 胡熠. 闽江流域区际生态受益补偿标准探析 [J]. 农业现代化研究, 2007, 28 (3): 327-329.

[105] 卢泰宏, 吴水龙, 朱辉煌等. 品牌理论里程碑探析 [J]. 外国经济与管理, 2009 (1): 32-42.

[106] 卢泰宏, 谢飙, 罗淑玲等. 我国自创品牌的进展与展望 [J]. 中山大学学报 (社会科学版), 1996 (6): 1-10.

[107] 卢泰宏、谢飙. 品牌延伸的评估模型 [J]. 中山大学学报 (社会科学版), 1997 (6): 9-13.

[108] 陆亨伯, 谢萍萍. 委托经营: 公共体育场馆民营化可操作模式——基于浙江省典型体育场馆的调研 [J]. 宁波大学学报, 2007 (5): 15-19.

[109] 刘沓, 周航. 循环经济价值链的系统思想与管理会计方法的契合 [J]. 经济经纬, 2012 (1): 77-81.

[110] 刘晓红, 虞锡君. 基于流域水生态保护的跨界水污染补偿标准研究——关于太湖流域的实证分析 [J]. 生态环境, 2007 (14): 129-135.

[111] 刘奇中. 循环经济的技术创新体系研究 [J]. 学术界, 2013 (8): 101-113.

[112] 刘平宇. 论循环经济发展的必然性 [J]. 绿色经济, 2002.

[113] 刘志坚. 基于循环经济的产业链耦合机制研究 [J]. 科技管理研究, 2007 (7): 111-113.

[114] 刘再杰, 李艳. 基于循环经济发展的财税政策研究 [J]. 中央财经大学学报, 2011 (5): 12-16.

[115] 刘作翔. 社会组织的人性基础和存在意义——一个法理的阐释 [J]. 法学, 2002 (9): 13-14.

[116] 刘祥国. 我国循环经济规划制度的完善 [J]. 山东社会科学, 2011 (5): 110-111.

[117] 刘湘溶. 生态文明论 [M]. 长沙：湖南教育出版社，1999.

[118] 刘融. 我国行业协会的基本组织功能浅论 [J]. 商场现代化，2008（29）：365-367.

[119] 刘玉龙. 生态补偿与流域生态共建共享 [M]. 北京：中国水利水电出版社，2007.

[120] 毛显强，钟瑜，张胜等. 生态补偿理论探讨 [J]. 中国人口.资源与环境，2002，12（4）：38-41.

[121] 马海萍，康龙. 基于区域生态规划的青海省循环经济产业链模式探究 [J]. 经济研究导刊，2011（25）：164-166.

[122] 马中. 关于循环经济的笔谈 [J]. 中国地质大学学报，2006（3）：6.

[123] 齐建国. 关于循环经济理论与政策的思考 [J]. 经济纵横，2004（2）：35-39.

[124] 齐建国. 循环经济与绿色发展——人类呼唤提升生命力的第四次技术革命 [J]. 经济纵横，2013（1）：43-53.

[125] 曲格平. 发展循环经济是21世纪的大趋势 [J]. 中国环保产业，2001（z1）：6-7.

[126] 曲格平. 循环经济与环境保护 [N]. 光明日报，2000-11-20.

[127] 宋高歌，黄培清，帅萍. 基于产品服务化的循环经济发展模式研究 [J]. 中国工业经济，2005（5）：13-20.

[128] 苏伦·埃尔克曼（徐兴元译）. 工业生态学 [M]. 北京：经济日报出版社，1999.

[129] 孙大鹏，苏敬勤. 生态工业园价值链分析及管理研究 [J]. 大连理工大学学报（社科版），2004（2）：33-36.

[130] 孙日瑶，曹越，刘华军. BCSOK：品牌建设体系 [M]. 北京：经济科学出版社，2009.

[131] 孙日瑶，刘华军. 品牌经济学原理 [M]. 北京：经济科学出版社，2006.

[132] 孙日瑶，宋宪华. 品牌工程学 [M]. 北京：经济科学出版

社, 2011.

[133] 孙日瑶, 袁文华. 自然资源可持续利用的自治组织及其品牌授权研究, 中国人口·资源与环境 (CSSCI), 2011 (3): 119-125.

[134] 苏亚民, 胡晓东. 论发展循环经济的急迫性和思路 [J]. 当代经济, 2005 (6): 54-55.

[135] 覃玲玲. 生态文明城市建设与指标体系研究 [J]. 广西社会科学, 2011 (7): 110-113.

[136] 唐晓华, 王广凤, 马小平. 基于生态效益的生态产业链形成研究 [J]. 中国工业经济, 2007 (11): 121-127.

[137] 田宜水, 赵立欣, 孙丽英等. 农作物秸秆资源调查与评价方法研究 [J]. 中国人口·资源与环境, 2011 (3): 583-586.

[138] 王建明, 陈红喜, 余建. 循环经济产业价值链测度的实证研究——以江苏板块上市公司为例 [J]. 科学学与科学技术管理, 2009 (10): 118-122.

[139] 王静, 张宗舟, 张天佑, 王彩娟. 作物秸秆在循环农业中的多重效益 [J]. 天水师范学院学报, 2010 (5): 47-50.

[140] 王军峰, 侯超波, 闫勇. 政府主导型流域生态补偿机制研究 [J]. 中国人口·资源与环境, 2011 (7): 101-103.

[141] 王卉彤, 陈保启. 金融创新和循环经济的双赢路径 [J]. 上海金融, 2006 (6): 29-31.

[142] 吴广谋, 黄佳. 需求特征对供应链中企业资源再利用的影响分析 [J]. 东南大学学报: 自然科学版, 2007 (S2): 58-62.

[143] 吴川, 张黎, 郑毓煌等. 调节聚焦对品牌延伸的影响: 母品牌类型、母品牌与延伸产品匹配类型的调节作用 [J]. 南开管理评论, 2012 (6): 51-61.

[144] 谢园园, 傅泽强. 基于生态效率视角的循环经济分析 [J]. 生态经济, 2012 (9): 49-51.

[145] 肖明辉, 彭亮. 完善我国循环经济宏观调控政策的思考 [J]. 西南民族大学学报 (人文社科版), 2012 (1): 114-118.

[146] 向宏桥. 论循环经济产权制度体系的构建 [J]. 湖北民族学院学

报：哲学社会科学版，2007（5）：116-119.

[147] 解振华. 关于循环经济理论与政策的几点思考 [N]. 光明日报，2003-11-02.

[148] 熊春红. 金融支持循环经济发展的问题与对策 [J]. 武汉金融，2011（7）：36-37.

[149] 徐琳瑜，杨志峰，帅磊等. 基于生态服务功能价值的水库工程生态补偿研究 [J]. 中国人口·资源与环境，2006，16（4）：125-128.

[150] 许景婷，张兵. 我国节能减排税收制度研究——基于循环经济视角 [J]. 生产力研究，2011（7）：93-94.

[151] 信春鹰，张烨. 全球化结社革命与社团立法 [J]. 法学研究，1998（3）：110-120.

[152] 杨忠直，孙皓辰. 循环经济产业链形成的价值规律和政府角色 [J]. 生态经济，2011（8）：31-35.

[153] 杨晚香. 中国行业协会的现状考察与对策 [J]. 生产力研究，2009（8）：112-114.

[154] 杨雪锋，张卫东. 循环经济产业链的价值基础和稳定性研究 [C]. 中国环境科学学会学术年会优秀论文集（上卷），2006：20-27.

[155] 杨雪锋. 基于价值链的循环经济产业链稳定性研究 [EB/OL]. http://www.chinavalue.net. 2006-07-13.

[156] 于春玲，李飞和薛镭等. 中国情境下成功品牌延伸影响因素的案例研究 [J]. 管理世界，2012（6）：147-162.

[157] 袁丽静. 基于技术创新的循环经济投入产出分析——以钢铁行业为例 [J]. 财经问题研究，2012（7）：29-37.

[158] 袁丽静. 价值链视角下的循环经济技术创新机制及其政策研究 [J]. 宏观经济研究，2013（9）：71-76.

[159] 袁文华，孙日瑶. 实现生态文明的品牌溢价路径研究，中国人口·资源与环境，2013（9）：172-176.

[160] 孙日瑶，袁文华. 工业企业循环经济有效运行的三循环模型与应用研究，北京理工大学学报（社会科学版），2014（1）：52-57.

[161] 殷飞. 试论城市大型体育设施公共产品性质及赛后运营政策设计 [J]. 南京体育学院学报, 2009 (3): 50-53.

[162] 袁文华, 孙日瑶. 流域生态补偿的品牌授权机制研究, 江淮论坛, 2013 (2): 44-50.

[163] 袁文华, 孙日瑶. 作物秸秆循环利用的品牌经济学研究及案例分析, 中国人口. 资源与环境, 2012 (12): 154-158.

[164] 袁文华, 孙日瑶. 品牌授权的机制分析——基于授权方的品牌信用度研究, 经济经纬, 2013 (5): 91-95.

[165] 袁文华, 孙日瑶. 行业协会有效性的品牌经济学研究, 贵州财经学院学报, 2012 (2): 50-56.

[166] 袁文华. 品牌授权经营模式下的博弈分析, 上海商学院学报, 2013, 14 (2): 61-64.

[167] 袁文华, 孙日瑶. 品牌授权的经济分析——基于米老鼠的授权案例研究, 南京财经大学学报, 2012 (2): 71-76.

[168] 袁文华. 人类互助行为的经济分析, 经济视角, 2010 (8): 38-41.

[169] 余晖. WTO体制下行业协会的应对策略——以反倾销为例 [J]. 中国工业经济, 2002 (3): 39-46.

[170] 俞金香. 循环经济及其法律调整 [J]. 甘肃社会科学, 2003 (6): 129-131.

[171] 禹雪中, 冯时等. 中国流域生态补偿标准核算方法分析 [J]. 中国人口·资源与环境, 2011 (9): 14-17.

[172] 张强军, 李云燕. 促进循环经济发展的融资政策创新研究 [J]. 再生资源与循环经济, 2012 (5): 15-19.

[173] 郑海霞, 张陆彪, 封志明. 金华江流域生态服务补偿机制 [J]. 资源科学, 2006, 28 (5): 30-35.

[174] 张荣现, 韩苗苗. 我国农业循环经济的发展模式及立法规制 [J]. 农业经济, 2012 (5): 9-11.

[175] 张小兰. 论实行循环经济的制度障碍 [J]. 经济问题, 2005 (2):

28-29.

[176] 张安来. 农作物秸秆资源的开发与利用 [J]. 湖南农机, 2010 (7): 17-18.

[177] 张思锋, 周华. 循环经济发展阶段与政府循环经济政策 [J]. 美中公共管理, 2004 (1): 20-26.

[178] 张漫雪. 金融信贷在循环经济建设中的支持方式问题研究 [J]. 金融财税研究, 2011 (7): 69-71.

[179] 张华. 循环经济的技术范式与技术创新 [J]. 西南民族大学学报: 人文社科版, 2007 (9): 113-117.

[180] 张淑芳. 迪士尼授权, 让米老鼠在中国遇尴尬 [EB/OL]. (2008-2-15) http://info.cloth.hc360.com/2008/02/14092265901.shtml.

[181] 赵凯, 陈甬军. 对循环经济技术范式——"XR"原则的探讨 [J]. 中国工业经济, 2006 (6): 44-50.

[182] 赵春雨. 循环经济价值链的价值要素模型研究 [J]. 科技进步与对策, 2009, 26 (15): 111-115.

[183] 赵清俊, 孙海. 利用纳米生物制药技术促进循环经济的发展 [J]. 生态经济, 2012 (7): 79-82.

[184] 赵绘宇. 欧盟环境法中的循环经济趋势谈 [J]. 上海交通大学学报: 哲学社会科学版, 2006 (1): 42-46.

[185] 赵西三. 生态文明视角下我国的产业结构调整 [J]. 生态经济, 2010 (10): 43-47.

[186] 周瑜. 资源型城市循环经济创新动力机制研究 [J]. 管理现代化, 2012 (2): 15-17.

[187] 陈海涛, 等. 基于时间 Petri 网的循环物质流动态投入建模与仿真优化 [J]. 系统工程理论与实践, 2016, 36 (8): 1993-2002.

[188] 杜红梅, 傅知凡. 湖南农业循环经济发展评价体系及实证分析 [J]. 经济地理, 2016, 36 (6): 168-175.

[189] 刘三红, 肖序, 刘铁桥. 工业废弃物价格形成机制研究——基于循环经济视角 [J]. 价格理论与实践, 2016 (6): 80-83.

[190] 罗福周,陆邦柱,邢孟林.循环经济视角下产业集群转型中优势产业的选择研究 [J].南京社会科学,2017 (12).

[191] 庞建刚,张华鑫.基于博弈论的循环经济产业链上下游企业策略选择 [J].统计与决策,2016 (16):178-181.

[192] 肖序,陈翔.企业循环经济物质流——价值流原理与优化研究 [J].山东社会科学,2017 (5):153-159.

[193] 杨承训,承谕."循环经济"升华:发展观的深刻革命——学习习近平总书记关于绿色发展方式的系列重要论述 [J].经济纵横,2017 (9):1-7.

[194] 杨忠直,孔鹏志,李博英.循环经济产业系统的分室模型与模拟 [J].管理科学学报,2016,19 (11):54-62.

[195] 于会录,等.工业循环经济评价方法研究——以宁夏石嘴山市为例 [J].资源科学,2016,38 (12):2348-2360.

[196] 张娟,等.基于资源产出率指标分解的企业循环经济研究——以钢铁行业为例 [J].资源科学,2016,38 (1):119-125.

[197] 郑季良,顾青青.基于价值流的高耗能产品循环经济协同效应及评价 [J].科技管理研究,2016,36 (15):82-87.

[198] 郑季良,张亚.高耗能产业间复合系统循环经济协同度演进实证研究 [J].科技管理研究,2017,37 (15):230-235.